宇宙のニュージーランド日記

なつかしい未来の国から

Umi Asaka
安積宇宙

ミツイパブリッシング

宇宙のニュージーランド日記

なつかしい未来の国から

目次

4

はじめに

大人になったらどうやって生きていけばいいのだろう。

小さなころから、そんなことをよく考えていた。「将来何になりたい？」と聞かれるたびに、「女優」「フォトグラファー」「通訳者」「インテリアデザイナー」などと答えていた。けれど、正直、どれも本気でやりたいと思ったことはなかった。それよりも、文字通り、毎日をどう生きていけばいいのか、考えていた。なぜなら、私は母の障がいを受け継ぎ、骨がもろい。母はとてもパワフルな人で、障がいを持って自立生活することはまだめずらしい時代に、いろんな人と助け合えるコミュニティを自ら作り、街での暮らしを手に入れてきた。そんな彼女が作った環境の中で、私は子どものころから、両親を含め、たくさんの人に守り育ててもらってきた。

私たちの障がいを持っている人は、早くに亡くなることもある。私が二〇歳になるころには、母はこの世からいなくなっているのではないかと、私は勝手に心配していた。そうなった時、私にも、人と人が助け合えるコミュニティを保っていくだけの力がなければいけない。ちゃんと生きていける自信がほしいと、一〇代の初めから思うようになっていた。

ニュージーランドへの留学は、予期しないかたちで始まった。けれど、まったく新しい環境でがんばろうと思えたのは、そうした、自分の力だめしをしたいという思いにはげまされたことが大きかった。

留学だから、勉強のことはもちろん、その先にある仕事のことなど、いろんな期待と不安はもちろんあった。でも、私の頭を占めていたのは、どんな人との出会いがあるかということだった。なぜなら、その出会いが、おたがいを支え合えるコミュニティを作ることにつながると思っていたから。

正直、自分の生きていく場所がニュージーランドになるなんて、子どものころは予想すらしていなかった。大学に入学したばかりの頃は、この生活に慣れる日が来るのだろうかと思ったことも何度もあった。だけど、だんだんその思いは消えていった。それは、出会った人たちとの交流を通して得たたくさんの学びのおかげだと思う。

ニュージーランドは、歴史の浅い新しい国だと言われることも多いけれど、本当は、先住民のマオリの人たちの長い歴史がある。そして、二〇二二年から、マオリの新年であるマタリキを、国の祝日として祝うことになった。植民地化された国で、先住民の人の新年を公式に祝日としたのは、世界で初めてのことだ。でも、新年のお祝いは、マオリの文化の中でずっと続いてきたことで、新しいことではない。

私も自分の未来は、真新しいものではなく、どこかなつかしい風景を探していた。そして、この場所で、ほっと安心できる出会いをいくつも見つけた。

これは、私が、ニュージーランドで「なつかしい未来」を見つけるまでの記録だ。

1 なつかしい未来の国

なつかしい始まり

日本が冬の間、私の住むニュージーランドは夏。大学生の夏休みは長いので、ニュージーランドが夏の間は、日本に帰ることにしていた。そんなわけで大学の四年間は、一年中ほぼ冬の生活をしていた。

私はニュージーランドの南島の南、ダニーデンのオタゴ大学で、ソーシャルワーカーをめざして学んでいる。ここニュージーランドでは、大学の新学期は二月から始まる。

ニュージーランドを飛行機の上から眺めると、見渡すかぎりの緑だ。東京では、車で二時間くらい移動しても、グレーや茶色のマンションがひたすら立ち並んでいる。ダニーデンに帰ってくると、空港から街に入るまでの道のりは、ずっと緑の農場が続いている。そんなことで驚く自分に、自分が生まれ育った東京よりもニュージーランドに慣れてきていることを感じる。

飛行機の中で過ごす時間は、人といるのが大好きな私にはめずらしく、一人でいるのが心地いい。二つの違った場所を移動する間、飛び去った場所で過ごした時間を振り返りつつ、たどり着く場所で待っている生活へ向けて、心の準備をする。

一〇時間半あるフライトの中、今回は運良く隣にだれも座ってなかったので、背の低い私はまっすぐ横になることができた。そのおかげで、飛んでいる間ほぼ寝てしまった私は、オークランド空港に着陸した時には、心の準備があまりできていなかった。オークランドは、首都ではないけれど、ニュージーランドの中でいちばん大きな、北島にある都市だ。

私の住むダニーデンは、オークランド空港からさらに飛行機で二時間ほど。乗り換え便を待っている間も、心の準備ができていなかったせいか、気持ちがそわそわして落ち着かなかった。ダニーデンへ向かう飛行機に乗っている間、強い頭痛がして、大学に戻るのが少し不安になってきた。何より、なるべく長く帰省していたかった私は、飛行機を予約する日を一日間違え、授業が始まる日に到着することになってしまった。初日から、大切な授業の半分以上を逃してしまう。飛行機を降りたら、そのまま授業へ直行しなければならない。

ダニーデンへ着いて飛行機から降りる時、手伝ってくれた空港のスタッフさんが、「ウミ、今回はずいぶん帰るのが遅かったわね！　よい夏休みだった?」と話しかけてきてくれた。

ダニーデンは人口約一三万人の都市。ニュージーランドの中では七番目に大きいけれど、日本の都市から比べると小さな街で、人と人との距離が近い。私は日本に帰ったり、そのほかにも遠出することが多いので、空港のスタッフさん数人が顔をおぼえてくれている。声をかけてもらって、「ああ、帰ってきたな」という安堵感をおぼえた。

私はいつも計画を立てずに動いてしまう。この時も飛行機に乗る直前に空港からのシャトルバスを予約したので、ちゃんと予約できたかどうか、不安があった。空港のスタッフさんに車いすを押してもらいながら、シャトルバスの人が掲げるネームボードに自分の名前がないかきょろきょろしていたら、横から「おい！」という声が聞こえた。だれ？　と思って顔をあげたら、なんと、親戚のおじさんのように仲良くしてくれているジョンが、彼の元上司でもあるシャトルの運転手さんとともに、空港の出口で待ってくれていた。

搭乗前、「シャトルが予約できなかったかもしれない」とジョンにメッセンジャーで不安を漏らしてはいた。でも、迎えに来てくれるとは予想していなかったので、私は驚きとうれしさで、「なんでここにいるの？」と思わず尋ねた。すると「自分もたまたま来る予定だった」という返事。

どうして驚いたかというと、彼が住んでいる首都ウェリントンは、ダニーデンから飛行機で一時間半もかかるからだ。

彼と初めて会ったのは、これから大学生活を始めようとダニーデンに引っ越してきた時で、同じ空港の出口だった。ほかのシャトルの運転手さんと一緒に、出口に立っていたのだ。

ジョンの同僚が、私たちのシャトルの運転手だった。初対面の私の笑顔で、ジョンは私のことを気に入ってくれたそう。

私は大量の荷物と、自分が乗る車いすのほかにもう一台、電動車いすを持っていて、その大荷物をシャトルに積み込むことから、大仕事だった。自分の仕事でもないのに、その一部始終を助けてくれた彼は、同僚の運転手一人だけでは荷物をおろすのもたいへんだろうと、空港から街までも付いてきてくれた。

ダニーデンの初日は、私がウェブで予約した安いバックパッカーズ（ユースホステルみたいなもの）に泊まる予定だった。ところが、到着したらその宿は階段だらけ。フロントの人は、車いすだと事前に知らせてほしかったと前置きして、「あなたたちを泊めることはできない」と言う。

以前、宿を取る時に車いすであることを伝えたら、予約すらできなかった経験があった。今回も予約できなかったら困るのでその教訓を生かして、着いてから直接その場で交渉しようと思っていたのだ。そうした理由を説明して、どうしても泊まれないかと聞いたら、「一応裏口にアクセスがましな階段があるけれど、まずはほかの宿を探してみて。どうしても見つからなかった場合だけ戻ってきていい」と言われた。

そのようすを見守ってくれていたジョンが、シャトルの運転手に「彼女たちが泊まる宿を確保するのを見届けよう」と話し、その後一時間半ほど、街中にある宿という宿に、空きがないかを探し回るのに付き合ってくれた。

ところが、大学が始まる直前だったので、学生とその家族でどの宿も満室。結局、私たちは、初めの宿に戻ることになった。まったく泊まるところがないと伝えると、予約していたこともあり、さすがに追い返すわけにはいかないと、私たちを泊めることを承諾してくれた。

最後まで付き合ってくれたジョンは、帰り際に、「また困ったことがあったら、いつでも連絡していいよ」と電話番号を教えてくれた。

それから数日間、ジョンは仕事の合間をぬって、私と、私が落ち着くまで来てくれていた母と友人たちをよくドライブに連れていってくれた。でもジョンは、その二カ月後、娘たちが住むウェリントンに引っ越してしまったのだった。

それからもジョンの家へ遊びに行ったり、緊急時の連絡先になってくれたり、今回も空港まで迎えに来てくれたりと、私はジョンにお世話になりっぱなしだ。

だから、彼との出会いは私にとって、大学生活の始まりを象徴するようなものになっている。

さて空港に着いてすぐ、ジョンと彼の元上司は、私を授業のある場所まで送り届けてくれた。今年の大学の始まりは特別で、二泊三日の合宿で始まった。場所は、マラエといって、ニュージーランドの先住民族であるマオリの人たちが、一族ごとに持っている特別な集会所。そこで、この土地でソーシャルワーカーになるということはどういうことかを学ぶ合宿だった。

マラエとは、マオリの人たちが結婚式やお葬式、誕生日会から一族の大切な話をする時、自分を見つめ返す時間を取りたい時など、どんな時もその一族の人たちが帰れる場所としてある、大切な建物だ。マラエの隣には、だいたいお墓と教会（教会はクリスチャン向け）がある。

私たちが泊まったマラエは、オタコウ・マラエといって、南島一帯に住むカイタフ部族の中の、タイアロワ・カレタイ・コラコという族長たちによって選ばれた地に立つマラエだ。

ジョンと彼の元上司は、空港からそのマラエに私を送ってくれたのだった。マラエまでの道のりは、車で約五〇分。半島の入り江の畔《ほとり》ぎりぎりを走るので、たまにこわいけれど、絶景だ。

じつは、私がダニーデンに住みたいと思った理由の一つは、このドライブウェイの景色にある。東京の、建物だけが連なる景色と打って変わって、自然しかない。授業に遅れているというのにもかかわらず、ジョンとジョンの元上司であり友だちの運転手さんと冗談や世間話をしながら景色を眺めていたら、さっきまでの落ち着かない気持ちはどこかに消えていった。

やっと着いた時は、授業の真っ最中。クラス全員がこちらを振り向いた。

ジョンはマオリの男性で、北島の北部の出身だ。授業をしていた教授もマオリの男性で、私たちに気づくと、笑顔で両腕を大きく広げ、遅れたのにもかかわらず、ハグで迎えてくれた。そしてジョンと教授は、ホンギという、おでこをくっつけることでおたがいの知識を共有し、鼻をくっつけることでおたがいの息を交換するという、マオリのあいさつを交わした。真摯に人と人とがあいさつを交わす、その瞬間だけ大教室が静まりかえった。教授は、私を送ってくれたお礼を二人に伝えた。クラスメイトたちもそのようすを温かく見守ってくれていた。ここからまた一年が始まるんだなという覚悟が、やっとわいてくるのを感じた。

飛行機の中は心地いいと書いたけれど、ホームシックになりやすい時間でもある。一人で空の上にいると思うと「なんで大好きな人たちからはなれて、こんな遠い国に来ているんだろう」という気持ちがあふれてくることが、時々ある。

けれど、空港に着いて、スタッフの人に声をかけてもらって、予想していなかったジョンの笑顔を見て、大好きな景色の中をドライブして、それからマラエに着いてなつかしいクラスメイトたちの顔を見て、ここもやっぱり私の家なのだ、と思った。

ニュージーランドでは、空港に着いた時から、いろんな人種の人がいて、いろんな体型の人がいる。人々があまり着飾ることなく、等身大で生きている感じがする。それが、私がニュージーランドを好きな理由の一つだ。それから、見渡すかぎりいっぱいに広がる緑と青い空も。

ここに戻ると、私はこの国が好きなんだな、と感じる日々がやってくる。

未来のための過去

マオリの世界観であるTe Ao Maori（テ　アオ　マオリ）の中では、過去と未来の時間軸が、私たちの知っている方向とは逆に向いている。大学一年生の時、マオリ語の授業で時制を学んでいる時に、教授が、「マオリの人たちにとって、過去は前にあり、未来がうしろにあるんだよ」と教えてくれた。

驚きつつも、早速頭の中で、過去を見ながら未来に背を向けて進む姿を、想像してみた。そしたら、たしかに、今まで歩いてきた道を見つめながら、うしろ向きに未来へ進んでゆく姿が目に浮かんだ。

私たちは、今までの経験の積み重ねでできている。だから、過去を見つめながら、うしろ向きに進むという考え方は、未知の世界に向かって歩くというより、これまで一歩一歩積み重ねてきたものを大切にして進むこと。そう解釈すると、このマオリの世界観が、すっと心の中に入ってくるような気がした。

現代では、たとえば「未来を切り開く」という言い方があるように、「発展」や「進化」

をすることに重点が置かれ、過去に学んだことや積み重ねてきたことを、ないがしろにしてしまうことがある。

マオリの人々はもともと固有の文字を持たず、知識や歴史は口伝によって受け継がれてきた。人の記憶の中にしか存在しないそれらの情報は、ゆっくりと、大地を踏みしめるようなスピードで伝わってきたのだと感じる。

この国が大好きと書いたけれど、ソーシャルワークを学んでいると、ニュージーランドの「負」の部分について知り、考える機会もまた、たくさんある。

その根底に、現在のニュージーランドが、植民地支配から始まっていることがある。イギリスからの入植者が来てから、マオリの長たちは、イギリスの王室とワイタンギ条約という条約を結び、対等に暮らしていくということを約束した（詳しくは5章に書いた）。それにもかかわらず、イギリス側は条約を破り、マオリの文化と土地を暴力的に奪っていった。その時生み出された格差と社会的不正義は、ニュージーランド社会に今も深く残っている。

それでも私は、ここに、未来のあり方のヒントがあるように思う。一〇年近くニュージーランドに住む中で、マオリ語を話す人が目に見えて増えてきていることを感じたり、過去から学び続ける人たちが紡いできた「今」が、社会の中にたしかに息づいていることを実感するからなのかもしれない。

東京に帰ると、時々、「近未来」にタイムトリップしたような気分になる。街並みや、いろいろな技術が目覚ましいスピードで発展していっているからだ。でも同時に、人の生きづらさも、深くなっているように感じる。

発展を続けてゆく先に、どんな未来が待っているのだろう。近未来を描いたSF映画の多くは灰色で、汚染されたり、機械が人間を支配しているような世界だ。果たして、私たちの未来も、そんな世界になってしまうのだろうか。


ニュージーランドにいると、「未来に来た！」みたいな感覚になることは、ほとんどない。ここにある風景は、どこかなつかしく、親しみを持つものが多いのだ。

二四時間開いているお店はほとんどなく、だいたいのお店は、午後五時までには閉店する。電灯も日本に比べて少ないから、街の中心部以外では、夜になると満天の星が見える。かと言って時代遅れというわけではなくて、社会のあり方には、未来を感じる。たとえば世界の中でもいち早く同性婚が認められたり、マオリの人たちが自分たちの文化や生活様式を守り、権利を取り戻していく活動がしっかり根付いていること。女性が参政権を得たのが世界初だったりもする。高層ビルがたくさんある街並みは本当に少なく、世界的に見てイノベーション力が高いわけではないけれど、多様な人がともに生きやすい社会を作ろうとしていることに、安堵感をおぼえる。

大学四年生にもなると、これからの未来をどうしようかと考える。先が見えない気分になることもある。そんな時、マオリの考えにならって、未来に進むために、今まで歩いてきた道を振り返ってみる時間は私にとって必要なものだったと思う。

私の留学は、じつは、計画して始めたわけではなかった。私の母は福島出身で、二〇一一年の三月一一日に起きた大地震とそれに続いて津波、原発事故があった時、ニュージーランドに避難することになったのだ。当時私は中学三年生になろうとしていた時で、高校受験の準備を始めていたころだった。でも、地震の後、福島から東京へ避難してきた親戚たちとさらに西日本へ避難する中で、ことの異常さを肌で感じていた。だから、母が日本を出ようと言った時、私はまだ一四歳だったけれど、親に言われたからではなく、自分で決断して行くのだと、自分の心に誓った。

最初に住んだのは、今住むダニーデンとは遠くはなれた北島の北部、フィティアンガという町だった。ビーチ沿いのリゾートで、人口は四〇〇〇人。こんなに人口が少ない町に、英語の語学学校は二つもあって、一方のオーナーが日本人の方だった。その学校に日本の高校生向けプログラムがあった。私は中学三年生だったけれど、同じ年の女の子が一人、すでにコースにいて、そのコースに受け入れてもらうことができた。

生徒数は約三〇人と小規模で、多くは日本人か、サウジアラビアから来た生徒たち。日本人のほとんどは、八カ月間その語学学校に通ってから、現地の高校に移るプログラムを選択していた。

多様な国籍の人との出会いは新鮮だったけれど、日本人同士の中で苦労することもあった。ある時、「車いすを使ってる宇宙と一緒にいたら差別されるから、一緒にいたくない」と一人の女子生徒が言っているということが、人づてに耳に入った。それは、私にとって初めて、はっきりと言葉で障がい者差別を意識した瞬間だった。

その時は、返す言葉を見つけることができなかった。おかしいと思ったことに立ち上がれなかったこのころのことは、自分に対してという意味でも、苦い記憶として残っている。でも、楽しいこともたくさんあった。英語で地理や数学を習ったり、自分の考えを英語で言えるようになっていったこと。サウジから来た生徒たちや、ヨーロッパから来た生徒たちとも親しくなったこと。田舎町だったから、「遊び」に行く場所はほとんどなく、休日は友人たちと集まってごはんを作って食べたり、ビーチに行ったりと、のんびり過ごすことがほとんどだった。私はホームステイではなく、母も一緒にニュージーランドに来ていたので、通っていた語学学校の近くに、三つのベッドルームと広い庭の家を借りていた。学校で仲良くなった友だちが、よく出入りするようになっていった。

日本にいたころ、英語を話す両親の友だちが家によく来ていたこともあり、英語は少し話すことができた。少しと言っても、カフェで注文できるくらい。店員さんから何か質問されてもわからなかった。街の中を歩いていても、しっかり意識していなければ、まわりから聞こえてくる英語が、意味を持たない音としてしか耳に入ってこない。そこで、街の中で聞こえる会話の意味が、意識しなくても理解できるようになることを、まず目標に練習した。

ニュージーランドに着いてから一年以上たったある日、街を歩いていたら、通り過ぎる人の会話が、ちゃんと聞こうとしていなかったのに、聞き取ることができた。街中を飛び交う言葉の意味がわかるということは、こんなに安心できることなのだ。やっとここまでたどり着くことができたと、うれしかった。

語学学校を卒業したあとは、その隣にあった地元の高校に移った。

英語に対してだいぶ自信がついていたのだけれど、いざ地元の高校に入ってみると、同級生たちの英語は先生が話す英語より二倍から四倍速くて、最初は何を言っているのか全然わからなかった。

日本人はRとLの差がつけられないと言われるが、私の発音がまだよくなかったので、「ウミがReally？　と言うと、いつもWewe？　と聞こえる」と笑う子がいた。そういうことがあると、話すのが恥ずかしくなってしまうけれど、話さないことには上達しない。笑われるのを避けるのではなく、笑われたら自分も一緒に笑うことにしていた。

地元の高校に移っても友だちグループがあって、最初のころはそれを窮屈に感じていた。だけど、授業は日本とまったく違って、宿題は少なく、自分で調べて考えて、レポートを提出する方式のものばかり。自習の時間も多く、自分のペースで興味を持ったことを調べたり、考えを深められることが、私には合っていると感じた。

私は手動車いすを使っていたので、語学学校からの友だちだった日本人のカオリが、毎朝迎えに来てくれた。彼女とは、英語のたいへんさや、友だちに溶け込みきれないもどかしさなど、たくさんの思いや経験を共有して過ごした。異文化の町で、おたがいを支え合える友だちがいたことは、とてもラッキーだった。最初は、毎朝迎えに来てもらうことが、彼女にとって負担なのではないかと不安だったけれど、だんだん、一緒の時間を過ごすためのいい理由だと思えるようになった。

学校では教室移動をするにも、人の手が必要だった。

授業は選択制だったので、授業ごとに教室が変わる。教室移動のたびに、まわりの同級生たちに「私の車いすを押して」と頼まなければならなかった。でも、それが話すきっかけとなり、同級生の多くと知り合うことができた。決まった同級生たちに頼むのではなく、たまに違う生徒に頼んだり、グループを超えて、いろんな同級生たちの間を行ったり来たりしていた。属するグループによって見ている世界が違ったりして、いろんな視点で少しずつ教室をのぞくことができたのも、おもしろい体験だった。

ある日の科学の授業中、男子生徒の一人が「女は科学ができないから」と発言した。すぐさまほかの男子女子から「セクシストみたいなことを言うのはダメだよ！」と突っ込みが入った。

「おまえゲイみたいだな」と発言した生徒に、「それで何が悪いの？」という声が次々にあがったこともあった。そうしたやり取りに、初めはびっくりした。おたがいの考えや発言に対して、「それは違うんじゃない？」と疑問をぶつけ合いながら、その話題が終われば仲良く過ごせる、という関係性が衝撃だった。

日常の中で、おたがいを尊重しつつ、それぞれが生きやすい環境をみんなで作り上げている。自分もその輪の中にいることが、うれしく思えた。

そのころは英語をよく理解できず、会話に入っていけなかったり、自分がもどかしくて悔しい思いをすることがいっぱいあった。車いすやアジア人であることなど、人と違うことで疎外感を感じることもあった。それでも、車いすに乗っていたおかげで、グループを超えていろんな同級生たちと出会うことができた。よくよく見渡せば、仲良しグループみたいなものはあるけれど、たまにその中で仲違いが起きて、孤立している生徒がいると、ほかのグループの子たちが声をかけたりして、完全に孤立している生徒はほとんどいない学校だった。車いすを使っていることに戸惑いをおぼえ、負担になりたくないという気持ちが生まれてきたのも、じつはこの時期だった。けれど、日々たくさんの人に車いすを押してもらわなければいけなかったからこそ、私はいつも人に囲まれていた。その現実を前に、戸惑いや不安は遠ざかっていった。人をジャッジするような発言に対して、すぐに「おかしい」と声をあげる友だちに出会えたことも大きかった。

自分の車いすと友だちのおかげで、失敗して落ち込んだり不安にかられる時があっても、立ち止まることなく、自分なりに工夫を重ねて、毎日を過ごしてこられたのかもしれない。

恋愛映画のようにドラマチックでもカラフルでもないけれど、私にとってこの一〇代の日々は、自分の中身をゆたかにしていく時間だったと思っている。

ダンスパーティー

海外の高校って聞いたら、どんなことを思い浮かべるだろうか。

高校生を描いたハリウッド映画の中によく出てくる、プロムやボールと呼ばれるパーティーがある。企画するのは生徒たちで作られる実行委員会だ。高校に入学した時は、その存在を知らなかったのだけれど、ほぼ一年中、みんなが楽しみにしている大イベントなので、入学後すぐにそのパーティーのことを知った。

私が通った高校は、スポーツ以外、放課後の活動も少ないし、町の中で高校生たちが遊ぶ場所もほとんどないので、パーティーへの生徒たちの期待度は、とても高い。

参加するには、ペアでチケットを買う。私の学校は友だち同士でもペアチケットを買えたけれど、中にはカップルでないと、チケットを買えない学校もあると聞いた。チケットの値段は、私の学校では四〇NZドルくらいだった。

というわけで、このパーティーは気になっている人に声をかける一大チャンスなのだ。ボールの二カ月くらい前から、教室の中は「どんなドレス着るの!?」「こんなドレスを探しているんだけれど、なかなかないんだよね」と、当日着るドレスの話でもちきり。みんなが楽しみにしているようすを見て、私もだんだんわくわくしてきた。

地元のお店にはあまり種類がないので、わざわざ三時間くらいドライブして、オークランドまでドレスを買いに行く同級生たちも多かった。私はというと、日本のネットショップで気に入ったドレスを探して、取り寄せて準備した。

入学してしばらくすると、一緒に過ごす友だちもできて、気になる男の子もできてくる。ニュージーランドの高校は、一学期に五つか六つの科目を自分で選択する。私は英語、数学、生物、地理、メディアスタディと保健の授業を取っていた。

気になっていた彼、ジェイミーとは保健の授業が一緒だった。今思えば、日本という遠い国からの留学生で、しかも車いすに乗っている私がめずらしかったのかもしれないが、初めての授業の時、私のほうをじーっと見ていた。視線を感じて振り返るたびに目が合うと、ニコッとほほえむその笑顔が、素敵だった。そんなことがあったので、私は彼のことが気になるようになってしまった。

ボールのチケットを買う時期になって、毎朝一緒に通学していたカオリに「だれか一緒に行ってみたい人いる?」と聞かれた。ジェイミーの顔が思い浮かびつつも、自分で誘う勇気はなくて、「特にいないよ」と答えた。カオリも、特定の人がいるわけでもないというので、カオリと一緒にチケットを買うことにした。

ボールには毎年、テーマがある。そのテーマに沿って、パーティー会場がデコレーションされ、私たちも着飾るのだ。チケット代は、会場のデコレーションや、飲み物、食べ物や音楽を用意するのに使われる。高校一年目のボールのテーマは、「パリの一夜」だった。


ニュージーランドでは小学校から高校まで、四学期制だ。西欧の国々と同じで、秋始まりなのだけれど、南半球だから北半球とは季節が反対で、新学期は一月下旬、ここダニーデンの季節感では、夏の終わりごろから始まる。そして、各学期一〇週間ごとに、二週間の休みがある。

ボールは、だいたいどこの学校も、三学期の初め、七月の終わりごろに行われる。ニュージーランドは小さい国というイメージがある人も多いだろうけれど、広さは日本の本州と九州を合わせたくらいだ。北島と南島が南北に延びていて、島のどこにいるかで気候はかなり違う。南半球では北のほうが暖かく、今私が住んでいる南島のダニーデンで言えば、七月は冬のど真ん中だけれど、高校のころ住んでいた北島のフィティアンガでは、冬が始まったばかり、というくらいの気候だった。

ボールの会場のドアが開くのは夜六時半。それなのに、朝からカオリの家に友だち数人と集まって、おたがいに化粧をしたり、髪を巻いたりして、準備にたっぷり時間をかけた。たくさん話も聞いていたけれど、実際に当日になっても、どんな夜になるか想像がつかず、期待で胸がいっぱいになりながら準備する時間が楽しかった。

それまでも、何度もカオリとおたがいの家でお泊まり会をして、どのくらい化粧を濃くするかの研究もした。カオリのホームステイ先には小さな子どもが二人いたので、夜中まで起きている時は、声のトーンを落として静かに過ごすように気をつけたことも、よくおぼえている。とにかく高校生にとって、ボールは年に一度の、大イベントなのだった。

いよいよ始まる時間が近づいてきた。その時一緒に住んでいた年上の友だちが、私とカオリを会場まで車で送ってくれた。冬の始まりに薄いドレスだったのに、寒さも忘れるくらい高揚していた。

中には真っ白なリムジンカーを予約して、まるで結婚式の主役のようにやってくる女の子たちもいた。それぞれがきらびやかに着飾って、どの子も、いつもの制服姿からは想像できないくらいに変身していた。

小学校から、ボールのミニチュアバージョンみたいなのがあって慣れている子たちもいたけれど、私もカオリも初めて参加するこのイベントに、少し緊張しながら、会場に入っていった。ずっと楽しみにしていたけれど、まだ学校の中で、居場所を見つけることができていない感じがしていたので、このパーティーに参加すること自体、私たちにとっては大きな挑戦だった。

初めて参加するダンスパーティーで、車いすで踊れるのか、どういうふうに過ごせるのか、まったく想像できなかった。

みんな背が高いから、私が視界に入らなくて強くぶつかったりしたら、骨が折れやすい私は骨折してしまうかもしれない。危険なことがあるかもしれないと思ったのも、緊張の理由だった。

だけど、いざパーティーが始まるとそんな心配はまったくなくて、車いすに乗ったまま、踊り通した。押してもらうのではなくって、人と手をつなぐことで動いた。くるくる人の間を行ったり来たり、蝶になったような気分だった。

友だちの、いつもは見ないような表情を垣間見たり、おたがいの動きを真似したりして、リズムに乗って体を動かすのは新鮮で、快感だった。そして、ふだんは話さない子たちとも一緒に踊ったりして、高校中のみんなと楽しい時間を過ごせることも、ボールの魅力の一つだった。

会場をぐるぐる回る中で、ジェイミーがよく一緒にいる男の子たちのグループを見つけた。私の気持ちを知っていたカオリが、「近づく?」と言って一緒に移動してくれた。輪の中にはジェイミーがいた。すると近づいた私を、彼がひょいっと抱っこして、一緒に踊ったのだ。

ジェイミーにまさか抱っこされるなんて想像もしていなかったので、とってもドキドキだった。後日、ジェイミーが、フェイスブックの彼のプロフィール写真を、私と写ったこの日の写真に替えた。それを知った時は、恥ずかしいやらうれしいやら、いろんな気持ちになった。といっても、残念ながら、彼とはこのあとも時々話すくらいのものだった。

高校生なのでパーティーでの飲酒はもちろん禁止だけど、中にはスーツやドレスの中にお酒を隠して、先生たちが作った飲み物の中にそれを混ぜて飲む子たちもいる。終わったあともだれかの家に集まって、お酒ありのパーティーを続ける子も多かった。

若い人たちの飲酒問題は、どこの国にだってある。ニュージーランドは飲酒が一八歳から許されていて、実際に一四歳ぐらいから飲みはじめる人もいる。ニュージーランドはとても平和な国として知られているけれど、子どもの飲酒や、お酒がからんで起きる性暴力などは多くの国と同じように、大きな社会問題になっている。

こうして高校生活の一大イベントは、ふだんは見ない同級生や先輩たちの一面と出会えた、期待を裏切らない夜だった。静かだと見られていた私もパーティーで楽しむことだってあるっていうのをみんなが知ったことで、おたがいの距離感が少し、縮まった気がした。

このボールの日から、身近な友だちの輪の外でも、安心できるようになったと思う。

ジェイミーに出会った保健の授業は、日本では考えられないくらいオープンで、実用的だった。特に、二年生の時の保健の先生がとてもユニークな方で、生徒の質問になんでも答えてくれた。避妊の方法について、コンドームとピルだけではなく、全部で八つくらい教えてくれた。高校の受付で、モーニングアフターピルをもらえることも授業で知った。一〇代で妊娠する子もいて、その後の進学や就職がむずかしくなるケースもあることから、若くして妊娠する人が多い理由について生徒に考えさせるという課題もあった。

保健の授業では、自分たちの悩みや経験について語る機会もあって、ある時、同じクラスの七人の同級生が全員、両親が離婚しているということを知った。そのころ、私の両親もこれから先、別々の人生を進んでいくだろうという予感を持っていたから、自分が経験していることが、みんなも通り過ぎたことだということに、深い安心感をおぼえた。再婚相手との関係性を、子どもとしてどうとらえているかも聞かせてもらったことで、いろんな家族のかたちがあっていいのだと思えた。

親が別れるということは、子どもにとって大きなできごとだ。親との関係性にむずかしさを抱えている同級生もいたけれど、おたがいに一人の人間として、関係性を築いているように見える同級生もいた。両親が別れても、親と子の関係性が終わるわけではないし、親自身が、自分の人生にとっていい選択をする姿を見ることは、いいことであるようにも感じた。

ニュージーランドは日本に比べて、「家族とは、こういうもの」という固定観念が日本ほど強くないように思う。親が別れた場合も、暴力や虐待などがないかぎり、両親が共同で親権を持って、子どもたちはたとえば週ごとに、両親の元を行き来したりする。もちろんたいへんな場合もあるけれど、家族のかたちがあまりにもいろいろあるので、だれも驚くことなく、多様な家族像を受け容れていた。それは、私にとってとても、居心地よく感じられることだった。

大学の選び方

高校三年になった時には、私はニュージーランドの大学へ進学する、と心に決めていた。ニュージーランドが好きになっていたのはもちろんだけれど、日本の大学入学試験に合格するのはむずかしいだろうという判断もあった。

ニュージーランドの大学には入試はない。その代わり、高校三年間に提出した課題と、全国統一の期末テストの成績で、University Entrance（UE）という大学入学資格が得られる。そのうち数学と英語は、高二の時の単位だけでよい。さらに進みたい学部に認められている三つの教科で高三の時の単位があれば、入学資格を得ることができる。私は、ぎりぎりで大学入学資格を取れるという計算だった。漠然と心理学を学びたいという思いはあったけれど、高校生の時は心理学がどんなものかを知らなかったし、どの大学に行けば自分の学びたいことを学べるのかも、見当がつかなかった。

なお日本から留学する場合は、たいてい、高校卒業資格と、大学が設定する英語のテスト（TOEIC・TOEFL か IELTS）の合格点を持っていれば、入学申請をすることができる。

ニュージーランドには、大きく分けて四つの高等教育機関がある。国立大学、国立専門学校、私立専門学校とワナンガ（マオリが運営する学校）だ。

私は、自分が通う大学以外の教育機関についてはほとんど知らないけれど、専門学校に留学する人も多いようだ。専門学校には国立も私立もあって、私立の中には卒業後に就職しやすいことを売りに、留学生を募集する専門学校ビジネスもある。実際はなかなか仕事に就けない人もいるし、高額の学費に見合わない授業内容だったなどの問題が多発している。信頼のおける専門学校は、大学よりも手厚いサポートを受けられるという話も聞くので、専門学校だからダメというわけではまったくない。

大学はすべて国立で、全国に八つある。どの大学にも、理系から文系までほぼすべての学部がそろっている。ただ、大学によって少しずつ違いがあって、私が通うオタゴ大学には、工学部はないけれど唯一の歯学部があったり、北島のパーマストンノースにあるマッシー大学には、唯一の獣医学部があったりする。

ニュージーランドの大学はすべて世界の大学ランキングのTOP500に入る（QS世界大学ランキングによる）。学びたい先生や、自分に合った環境があるかどうかが大切だと個人的には思うけれど、世界のランキングも選ぶ時の参考になるとは思う。ちなみにオタゴ大学の世界ランキングは二一七位だ（二〇二三年版）。

高校三年の六月、大学が冬休みの時期に、卒業生が自分の進学した大学についてプレゼンテーションをしてくれる機会があった。ちなみにニュージーランドの高等教育への進学率は四五パーセントほど。私の高校の場合、一学年六〇人中、大学進学を考えているのはその半数以下だった。

最初に来てくれたのは、北島のハミルトンにあるワイカト大学の学生さんだった。

昼休みに、コンピューター室の一角の丸いテーブルで、六人くらいの同級生たちと彼を囲むように座って、話を聞いた。二歳くらいしか年ははなれていないのに、大学生というだけでキラキラして、すごく大人に見えた。友だちと家を借りて暮らして、自分の学びたいことを学んでいる、と生き生き話す彼の姿はとても素敵で、小さなビーチの町、フィティアンガしか知らなかった私には、別の国の話のように聞こえた。

ワイカト大学はフィティアンガからも近いし、私は自分が文系であることだけはわかっていたので、文系が有名なその大学には、自然と興味がわいた。

翌七月には、高校がバンを出して、希望する生徒たちをワイカト大学見学に連れていってくれるということで、私もそれに参加した。文化人類学の授業を見学することができて、南国の島の先住民の人たちとともに生活しながら、彼らの文化を研究していた教授の話を聞いた。

教室は半円形の劇場型で、高校の何倍もの広さだった。いちばん下の教壇を囲むように、階段状に学生用の座席が並び、その空間で授業を聴くという体験は、新しい世界に足を踏み入れたような気分になった。文化人類学は、自分の思いや考えも研究に含めることができると、情熱のこもった教授の話にも吸い込まれた。だけど大学自体には、なんだかピンとこなかった。

仲の良かった友だちのお兄さんがオタゴ大学に通っていて、彼女の家に泊まりに行った時、お兄さんからオタゴ大学のようすを聞く機会があった。

オタゴ大学があるダニーデンは大学生の街で、大学を囲むように学生たちの住む家がたくさんあって、さながら学生村のよう。その上、自然がゆたかで、彼はよくダイビングに行き、魚を銛《もり》で捕《と》ったりするという話だった。

その時に聞いた話が頭に残り、一度見に行きたいと思って、当時一緒に住んでいたゆきちゃんとダニーデンを初めて訪れたのは、高校三年の九月下旬、冬が終わりに近づいてきたころだった。

いつも宿泊先は安宿なので、この時もいちばん安いバックパッカーズを予約したら、中心部からかなりはずれた、とても急な坂の上だった。

着いた翌日、歩いて大学まで行く途中、廃《すた》れたシャッター街のような一角があり、少し危なそうな人たちが歩いていたりして、ちょっと不安になった。でも大学へ近づくにつれて、おしゃれなカフェやアジア系のレストランが立ち並び、街の中心は活気があった。

留学生のオフィスに見学に行きたいと事前に連絡していたので、大学に着くと、留学生のサポートスタッフであるビクトリアさんが、温かく迎えてくれた。

彼女とは、学生時代には一緒に仕事をすることもあった。そんなことは当時は想像もしなかったけれど、オタゴ大学に一歩足を踏み入れた時（より正確には、車いすが敷地に入った時）、私はここに来るだろう、と直感で思ったのだ。

オタゴ大学は、二〇一九年に創立一五〇周年を迎えた、ニュージーランドでいちばん歴史の古い大学だ。アジア・オセアニアの大学で、いちばん早く女性が医学部に入学した大学でもある。

それだけの歴史を感じさせる時計台が、キャンパスの間を流れる川の横に立っている。当初は、大学の建物はその煉瓦《れんが》造りの時計台だけだったのだけれど、建物がたくさん増えて、今、そこでは授業は行われていない。

この時計台にも重い歴史がある。一九世紀後半に、北島のパリハカというところで、土地の侵略に非暴力抵抗をして捕らわれたマオリの人たちが、この南島の最南端のダニーデンまで連れてこられ、強制労働をさせられたのだ。時計台も、ダニーデンの主要な道も、その奴隷にされたマオリの人々によって建てられた。とても美しい建物だけれど、この歴史もまた、ちゃんと語り継がれなければいけないと思う。

大学を決める時はキャンパスの見た目よりも、もちろん、何を専攻するかが大切だ。私は当時から、子どもと関わる仕事がしたいと思っていたから、心理学的な側面から子どもについて学びたいと考えていた。オタゴ大学の心理学部はニュージーランドで最高レベルと言われていた。ますますこの大学に来ようという決意が固まって、それからはUEを取るために、高校の勉強をがんばった。

学部選びと卒業後の進路についても、日本と海外の大学ではずいぶん違う。

特に学部卒の場合、日本では、卒業した学部とはまったく関係のない仕事に就職することが少なくないけれど、ニュージーランドを含む海外では、自分が学んだフィールドの仕事に就くことがほとんどだ。

といっても、大学に入った時点で就職先が明確になっているわけではない。入学後に興味の対象が変わったり、自分の得意不得意がさらに明らかになることはよくあるので、転科・転部がとても簡単なのだ。

ニュージーランドの大学は、授業料は無料ではないけれど、日本の国立大学よりも安い（地元学生の場合）。政府からの利子がない学生ローンを使って大学に通っている学生がほとんどで、自分に合わないと思ったら、すぐに転科・転部することができる。大学に四年以上通う人も、よく耳にする。けれど留学生の学費は、地元の学生の約四倍もするので、留学生にとっては転科や転部がなかなかむずかしいのも現実だ。

大学の外の時間もすごく大切だと思う。私は自然が大好きで、ダニーデンには自然がたくさんあるから、ビーチや緑の中へよく遊びに行く。またダニーデン・サウンドという音楽スタイルがあるほど有名なバンドが多く、あちこちのバーでよくライブが開かれる。ボランティアの機会もたくさんあり、地域の活動と関わることもすぐできる。

そういう大学以外の場所のことは、実際に行ってみないとわからないことがほとんどだろう。でも、そこでどんなことが盛んなのかなど、自分が行きたい大学のある街について調べておくことも、とても有効だと思う。

私が大学選びでいちばん大事にしたのは、自分の直感だ。「この大学の卒業生になってみたい」と見学に行ったその場で、強く感じたのだった。

その直感は間違っていなかったと、大学時代の四年間、何度も思った。留学先では、自分の想像通りにいかないことだってある。だからこそ「自分で決めてここに来たんだ」という思いは、うまくいかない時を乗り越える力の源になった。

入学前に大学を見学しに行くことができない時も、可能なかぎりネットで調べたり、在学生や卒業生から話を聞く機会を見つけることは、できるかもしれない。

今、これからの進路を迷っている人たちが、自分の直感を信じつつ、たくさん調べて、自分にとって本当によい道が開けますように。

一年目は寮生活

大学が決まったら、次は住むところを探さなくてはいけない。

ニュージーランドでは大学のある地域によって、学生の暮らし方に特徴がある。オークランド大学では、実家暮らしの学生が多かったり、ワイカト大学では、最初からシェアハウスに住む学生が多いと聞く。

私の通っているオタゴ大学は、一年生の大多数はまず寮暮らしを選ぶ。オタゴ大学でも、初めからシェアハウスを選ぶ人、ホームステイを選ぶ人、実家暮らしの人もいるけれど、寮に入る人が圧倒的に多いのは、出会いを求めてのことだ。多くの学生と同じように、私も一年目は寮を選んだ。

オタゴ大学には全国から学生がやってくる。ダニーデンが大学を中心とした街と言われる理由だ。つまりほとんどの学生が、ほぼだれも知り合いがいない中で、大学生活を始めることになる。最初から大勢の学生たちと一緒に住めば、自分のネットワークを築きやすい。一年の時に寮で出会った友だちと、その後もずっと交友が続くことが多いと聞いていた。寮生活は、オタゴ大学の大きな特徴の一つと言える。

オタゴ大学には、全部で一五の寮がある。初めて大学を見学するために訪れた時、留学生を支援するスタッフのビクトリアさんが、そのうちのいちばん大きな寮であるユニバーシティカレッジ（ユニコル）に連れていってくれた。外見はマンションのようで、全寮生は約五〇〇人。どの部屋にもシングルベッド一つとクローゼット、机と椅子が備え付けてある。一つの部屋をのぞかせてもらったら、服と書類が床も見えないほど散乱していた。その衝撃の散らかりようは、親元をはなれ自由を満喫している学生の姿と、大学生活の忙しさを物語っていた。

車いすでも入れる寮は、見学した寮を含めて四つだけ。ほかの寮は立地が悪かったり、エレベーターがなかったりした。

大学からの合格通知とともに、寮への入居を申し込むためのウェブサイトのリンクが送られてくる。そこに登録すると、希望する寮を三つまで選べる。私は結局、見学した寮以外の三つのバリアフリーの寮に、申し込みをした。この三つの寮は、寮生の数がユニコルの四分の一くらいで、落ち着いた雰囲気に惹かれたのだ。

オタゴ大学は古い大学なので、どの寮も比較的古く、それぞれの寮に伝統がある。寮ごとに特徴もあって、住む学生たちの雰囲気も違う。いちばん大きいユニコルは人数が多いこともあって、派手でパーティー好きな学生が多く集まる。セイントマーガレット寮は、煉瓦造りの上品な建物で、勉強熱心なアジア系の学生が多い。決められた自習時間もあって、医学部への進学率は、この寮からがいちばんだ。アラナ寮は、部活の部長や、高校で生徒会に入っていたような、リーダー気質の学生が多く集まる。

私の入った寮は、いちばん新しくて伝統もまだない寮だった。名称は、ニュージーランドの先住民族、マオリとして初めてオタゴ大学医学部を卒業したテランギヒロアさんにちなんで、テランギヒロア寮といった。私はその寮の三期生で、全寮生は約一二五人。全部の寮の中で唯一、部屋にシャワーとトイレがあることで知られていて、多様な学生が入居していた。

ダニーデン初日のできごとについては冒頭で書いたけれど、その二日後、私たちは泊まっていたバックパッカーズから寮へと移動した。ゲストも追加料金を払えば寮に泊まることができたので、手伝いに来てくれた友人が、生活が落ち着くまで滞在してくれた。

私の部屋はバリアフリー仕様で、クイーンサイズのベッドが二個置けるくらいの幅があり、電動車いすでもゆうゆう移動できた。壁一面の窓からは朝日が見えて、それを見るのが私のお気に入りの時間になった。

ダニーデンは冬が長く、冬の間は七時半を過ぎないと朝日は昇ってこない。だから、早起きしなくても、毎日のように朝日が見られた。

ニュージーランドの空は、空気がきれいなのか、今まで訪れた国の中でも、特に光が鮮明に感じる。この年に出会った朝日は毎日違う表情を見せてくれた。新しく始まった生活の中、初めてのことばかりで、いつになったらこの生活に慣れるのだろうと不安に思うこともあった。でも、一日一日が違うのは、自然のことだから大丈夫だよと、朝日が教えてくれているように思えた。

初めて寮に足を踏み入れた時、白とグレーの無機質なロビーに、ここになじめるかどうか、少し心もとなく思った。けれど、同じく着いたばかりの寮生たちと、「どこから来たの?」「何を専攻するの?」など、初対面のあいさつを何度も繰り返すうちに、緊張しているのはみんな同じで、新しい生活をここで一緒に始めるのだと気づいて、気持ちが落ち着いていった。会話した寮生の七割くらいは医療系の基礎演習コースを専攻し、その次の年から医学部、歯学部などの専門コースに進もうとしていた。

大学の寮はどこも、三食昼寝付き。昼寝付きというのは冗談ではなく、私の知るここの学生は、ほとんどみんな昼寝をしている。私もそれまでは、昼寝するくらいならほかのことをしたいと思っていたのに、大学生になってから、昼寝が欠かせなくなってしまった。

寮では、週に一回、掃除の人が来てくれるし、新しいシーツも配られる。自分でしなくてはいけないことは、洗濯くらい。それすらも乾燥機まであるので、家事はほぼ全部お任せなのだ。

そして、よくドラマで見るアメリカの寮と違って、部屋はすべて個室。それを知って正直とてもがっかりした。私は人と一緒にいるほうが好きで、まったく知らない人と、相部屋で暮らすのを楽しみにしていたからだ。結局、寮に引っ越して一カ月もしないうちに、仲良くなった友だちと、ほぼ毎日どちらかの部屋に泊まっていたので、念願のルームメイトがいたようなものだったけれど。

寮の中で、よかったこととたいへんだったことで思い出すのは、どちらもごはんのこと。海外に行ったことがある人は、きっとだれもが感じる食生活の違い。寮では、日本食はもちろん出ないし、お米が出てもぽろぽろのお米。毎日サラダは食べられるけれど、味は単調で、物足りなく感じてしまうこともあった。

もう一つ、毎日たくさんの残飯が出るのを見るのも、つらかった。あまったごはんをホームレスの人たちとか、ごはんが食べられない状況にある人に配ることはできないのだろうかと、料理長さんと相談したこともあったけれど、衛生面の問題で、それはできないという結論だった。

よかったことは、私はベジタリアンなので、それに合わせた料理を選べたこと。私のほかにも、ベジタリアンメニューを選択していた学生が一〇人はいた。同じメニューを共有できる仲間がいたのもうれしかった。

寮に入って二カ月ほどたってから、ヴィーガンメニューに切り替えることができると友だちが教えてくれて、試してみることにした。ヴィーガンを選んでいる学生は、四人くらいはいた。ちなみにベジタリアンは、肉類魚類をとらない食生活のことであり、ヴィーガンはそれに加えて乳製品と卵など、すべての動物性の食品を一切口にせず、動物性の製品を使わない生活習慣のことだ（ヴィーガンについては5章で詳しく書いた）。

寮の料理長さんが考えてくれたヴィーガンメニューがおいしかったおかげで、私の場合、ベジタリアンからヴィーガンへの移行が簡単だった。

昼食と夕食の時間は決まっていて、一二時半と五時半。食事の時間が近づくと、友だちがだいたい私の部屋まで迎えに来てくれて、食堂の前でみんなで列になって待った。

毎日大勢の寮生たちとともにとるごはんは、その日一日みんながどう過ごしていたのかを聞き合ったり、話したことがなかった寮生と話すチャンスでもあって楽しかった。それでも、友だちに予定があって、一人で食堂に向かう時は、だれと座ろうかなどと考えすぎて、疲れることもあった。だけど、いつもと違う顔ぶれになって、結局楽しい時間を過ごすこともあった。寮生活にも慣れてくると、静かにごはんを食べたいと思うこともあった。一年生の終わりごろは、寮から出て自分たちでごはんを作れる日を、友だちとよく夢見ていた。

寮生活からはなれて数年たつ今は、毎日だれかがごはんを作ってくれて、たくさんの友だちと食事を囲んだ時間を、なつかしく思い出す。大学を卒業して働きはじめた今でも、寮で出会った友人たちとは仲良くしている。寮生活は、かけがえのない出会いを私にもたらしてくれた。

2 居場所を探して

大地とのつながり

ニュージーランドに来てから、自然がずっと身近な存在になった。私は東京の中でも緑が多いエリアで育ち、小さなころはおたまじゃくしを捕まえたり、つくしを採りに行ったりしていた。九歳のころから、環境問題にも関心を持っていた。それでも、自然より人工物のほうが視界の多くを占めている環境から、視界の半分以上が空で、海まで歩いて行ける街への引っ越しは、大きな変化だった。

マオリの人たちの自然との接し方にも、大きな影響を受けた。

マオリの言葉に、"Ko au te awa, ko te awa ko au"というフレーズがある。「私は川であり、川は私」という意味だ。私たちと自然は、別々の存在ではなく、おたがいがつながっているということを、深く感じさせる言葉だ。

マオリの人たちの自己紹介は、自分の一族に深くつながりがある山の名前から始まると、大学の授業で習った。そして、川の名前、ニュージーランドにやってきた時に使った船の名前、一族の名前、出身地、家族の名前、親の名前、今住んでいるところ、そして自分の名前、と続いていく。その順番にもいろんな理由があり、人によって少し前後することもある。

山の名前から始まる理由は、「私たちは山の恵みと土から生まれ、山から流れる川を、船を使って下った先に、村を築いて暮らした」という流れがあるから、と聞いた。

ある時、この流れに沿った自己紹介をすることになった。考えてみて初めて、「自分の山と川」と言えるほどつながりを感じる山と川がないことに気がついた。私自身は東京生まれだけど、母は福島、父は兵庫の生まれである。母方のルーツは知るかぎりずっと福島で、父方は広島から九州へと、さらに西へ下っていく。私が育った場所の近くにあった山は高尾山で、川は多摩川だけれど、なんだかしっくりきていない。

だからこそ、自分が生まれた土地とつながっていることに確信が持てるような生き方は、とても素敵だなぁと思った。

自然は、私たちが生きるために必要なものを恵んでくれる。私たちは本来自然の一部であり、自然を大切にするのは、あたりまえのこと。マオリの人たちの自然との関わり方から、そんなふうに思った。

高校のころ、仲の良かった友だちの一人がマオリだった。彼女が私をおんぶして、一緒に森の中を歩いたことがあった。この葉っぱは耳が痛い時に効くよ、この葉っぱはおなかをくだした時に飲むといいよ、とたくさんの知識を教えてくれたのを思い出す。

しかし、マオリの人々の文化が、これまでずっと尊重されてきたわけでは決してない。イギリスによる植民地支配が始まって以来、たくさんのマオリの人たちが、自分たちが住んでいた土地から追い出されてきた。そして今も多くの人が、先祖の土地を奪われたままなのだ。

二〇一六年、オークランドで、テオフアというマオリ部族の人々がいちばん初めに定住した土地イフマタオを、開発するという動きが持ち上がった。そこは、植民地支配の過程でテオフアの人々から奪われ、長い間私有地となっていた。それが、開発業者に売られようとしていたのだ。その土地にルーツを持つ人々が売却前にこの動きを知り、SOUL（Save Our Unique Landscape）というグループを作って、土地を守るための活動を始めた。SOULは、そこが奪われた土地であることや、その開発計画が関係者から十分な合意を得られていないことを国連に告発し、政府は人権義務に違反しているとして、国連から勧告を受けた。

二〇一九年の五月ごろから、とうとう工事が始まりそうになり、土地を守るために集まる人の数も増え、警察も導入された。

開発計画の中身は、四八〇軒もの住宅地を作るというものだった。今、先進国では大多数の人たちが、人工的に開発された場所に住んでいる。私も、ニュージーランドに来て自然を身近に感じるとはいっても、人工物に囲まれた都市で生活を送っている。そうした生活があたりまえの人のほとんどは、今住む宅地ももともとは自然だったということを、想像もしない。けれど、いったん人工的に開発されてしまえば、その大地が元の自然に戻るまでに、長大な時間がかかる。だから、SOULと、その支援者たちは、ずっとそこにあり続けてきた自然の姿を守るために行動しているのだ。マオリの人にとって土地は人が所有するものではなく、むしろ私たちが大地の一部である。ここで使った「土地」という言葉には、「売り買いできるもの」という考えは含まれない。マオリ語の「カイティアキ」という言葉は「守り人」という意味で、「私たちが今暮らしている自然は、未来の子孫から借りているものだから、その自然を借りたままの姿で返すために守る」という思いが込められているという。

SOULのいちばんの訴えは、土地をマオリに返還してほしいということ。

座り込みと同時に、部族と開発会社と政府の交渉が行われた。実際に返還が実現したら、それが前例となり、ニュージーランド中の同じような状況にある土地も、返還を迫られる可能性があるから、政府は沈黙するだろうと思っている人もいた。しかし、この運動のおかげで、ニュージーランド政府は開発会社からイフマタオの土地を買い戻し、政府側とその土地にルーツを持つ部族の半々で構成される会議の場で、今後を決めていくことになった。その会議は、今も続いている（二〇二二年現在）。

代々そこに暮らし、土地の返還運動に関わってきたパーニャ・ニュートンさんは、SOULとイフマタオを守るための活動を記録したドキュメンタリーの中で、「イフマタオの大地は、私たちの先祖がずっと昔にやってきた時のままの姿で残っている唯一の大地。この大地から、物語や歴史が育まれてきた。だからこそ、この大地がなくなってしまったら、私たちは誰なのか」「この闘いは私たちだけの闘いではなく、世界中で自分の土地を奪われた人たちの闘いでもあるのだ」と語っていた。

実際、似たような経緯で自分たちの土地を奪われてきた人たちは、世界中にたくさんいる。彼女たちがあきらめないで闘い続けていることで、土地の返還がかなうかもしれないという可能性に、私はすごく大きな希望を感じた。

そんな彼女たちの存在があることで、ニュージーランドでは、植民地支配によって人々が大地とのつながりを失ってしまうという認識が、マオリの人だけではなく、人種を超えて、あるように思う。まだまだ国全体で共有されているわけではないけれど、私がニュージーランドに引っ越してきてからの数年でも、マオリの人々からの影響は、確実に広がっているように思う。彼らの行動と知恵は、未来の作り方のヒントを示してくれている。

友だちの作り方

ほぼ知り合いもいない異国の地で、親元をはなれて生活するというのは、かなりの一大イベントだ。それは、どんな人にとっても同じだろうけれど、そこに「車いすで」という要素を足すと、リスクが増えるらしい。たとえば、車いすが壊れたら、とか、私は骨が弱いので骨折してしまったら、など、リスクを考えはじめるとキリがない。でも、「らしい」と書いたのは、私は海外で暮らす時のそうしたリスクについて、深く考えたことがなかったからだ。考えても不安になるだけなのをわかっていてか、それとも、ただ楽天的なのか。自分でもわからない。そして、実際リスクを考えなくても大丈夫だったのは、寮生活のおかげだったと思う。

新学期の最初の一週間はオリエンテーションウィーク（オーウィーク）といって、大学生活に慣れるためのオリエンテーション、コンサートやパーティーといったいろんなイベントが開かれる。

ダニーデンは学生の街で、特にパーティーの激しさでよく知られる。オーウィーク中にあるパーティーで有名なのが、トガパーティー。OPショップというリサイクル店で買ったシーツを体に巻きつけて、古代ローマ人風に仮装するのだ。似たような格好をしてパーティ会場に向かう新入生たちに、在学生が卵やトマトを投げつけるなんていう、おそろしい風習もある。

入学したてのころの会話の入り口といったら、「専攻は?」「どこ出身?」もしくは、「トガパーティーに行く?」のどれかだった。

ニュージーランドは狭い国なので、オークランドやクライストチャーチなど大きな街から来た人たちは、共通の知り合いがいることが多い。だから都市出身者の場合は「どこ出身なの?」の答えによって「どこの高校?」「そしたら、○○(人の名前)って知ってる?」などと会話が続いていく。

私が住んでいたフィティアンガはとても小さな町だったので、場所はなんとなく知っているけれど、学校の名前まで知っている人はほとんどいなかった。けれど、日本に行ったことがある人や、日本からホームステイの生徒を受け入れていたことがあるとか、日本語を学んだことがあるという人たちが多くてびっくりした。

初めましてのあいさつと世間話のあとで、親しい友だちになるかどうかは、おたがいの性格次第だ。英語に慣れていない留学生だったり、シャイだったりしてパーティーに行く予定がなかったり、出身地に共通点がなかったりすると、会話のきっかけを作ることすらむずかしかったりする。

でも、入学したてのころは、知り合いがいなくて不安なのはみんな一緒。寮生活や授業を重ねるうちに、共通の話題や、シェアできることは増えていく。やがて気の合う人が見つかって、友だちの輪が広がっていったように思う。

私はこわいもの見たさで、トガパーティーに行ってみたいなと思いつつ、仲良くなった友だちはだれも行かないというので、結局参加しなかった。どんなものか見てみたい気持ちもあったけれど、私が入学した年、酔っ払った学生たちが騒いでいたバルコニーが崩れて、けが人が出たと聞いてその気持ちは吹き飛んだ。骨が折れやすい私としては、けがのリスクは極力避けなければならないのだ。

オーウィークが終わるころには、なんとなく友だちの輪ができあがっている。英語では、この「友だちの輪」をカチッと性格が合ったという意味で、Click《クリック》（日本語で言うカチッみたいな音）と呼ぶ。定番の友だちができるのはいいのだが、一度そのクリックができあがると、その輪を超えた交流は少なくなることが多い。

子どもの心理的な成長について学びたいと思っていた私は、心理学専攻でオタゴ大学に入学した。ニュージーランドの中では、最先端の心理学を学べるということで、同じ寮生に心理学を専攻している子は少なくなかった。

でも、寮で一緒に多くの時間を過ごす中でできた「クリック」のうち、心理学専攻は私ともう一人しかいなかった。授業に連れ立って行く友だちがほしかった私は、ちょっと困った。

電動車いすも持っていっていたので、一人で授業に行くことは、できないことはなかった。でも一人で行動するのが基本的に好きじゃない上に、一年生の授業は基礎的な授業なので大教室だったから、そこに車いすで、一人で入っていくのも、心細かった。

手動車いすを使うとなると、常にだれかに押してもらわなければ移動できない。でもこれは、裏を返せば、一人が苦手な私にとってとても有利なことだった。「授業に行くのに車いす押してくれない？」という台詞は、固定しがちな「クリック」を超えて、使い終わった「会話のきっかけ」を超えて、さらにつながる会話を始めるために、とても役に立つ一言だった。

そのおかげで、大学が始まって一カ月たつころには、全寮生一二五人中八〇人以上の子たちと知り合うことができた。そして、どの授業にだれと行くかということも、自然に決まっていった。

大学のキャンパスから寮までは、およそ徒歩一〇分。授業に行く時以外は、あまり一緒に過ごさない友だちでも、授業の前に「今から迎えに行くよ」と連絡をくれて、一緒に歩く一〇分間にいろんなことを話すことができた。

いつも送り迎えしてもらうことが迷惑になっていないか、と心配する気持ちが出てくることもあった。でも、「車いす押すの、負担じゃない？」と確認すると、どの友だちも「どちらにしても同じ道を歩くのだから、お安い御用」とまったく気にかけるようすがない。その対応に、私の中にある「迷惑になってはいけない」という思いがとけていくようだった。

安定して一緒に過ごせる友だちは、家族も知り合いもいない土地で大学生活を始める時にとても大切。けれど、車いすを押してもらう通学時間にたくさんの友だちと過ごせたことも、いろんな人と知り合うのが好きな私にとって、寮生活の素敵なボーナスだった。

車いすに乗っていると、困った時や、助けが必要な時は声をあげなければいけない。だからこそ、「サポートするよ」と応援してくれる人たちに出会うことができる。寮の入り口のドアがとても重いことを、寮と大学に掛け合って、寮に引っ越してから半年後には、自動ドアに切り替えてもらったこともあった。

「助けを求めるのは悪いことではない」というのは、私の場合、小さなころから教わってきたことだった。このニュージーランドでの学生生活で、その実感がさらに増したように思う。そして、「私が感じる困難は私だけのものではないし、これから来る学生に同じ困難を感じてほしくない」と考えて、より声をあげられるようになった気がする。

あまりよく知らない人にも「車いすを押して！」と声をかけていたこのころは、いろんなイベントやサークルのミーティングに顔を出したり、寮の中のイベントにも頻繁に参加していた。その積極性が評価されたのか、一年生の終わりに、「寮の中でいちばん貢献した学生賞」をいただいた。

それは私たちの代から作られた賞で、そもそもそんな賞があることも知らなかったから、すごく驚いた。「ウミが受賞したのはとても納得するよ、おめでとう」と、何人もの友だちが声をかけてくれたことが、いちばんうれしかった。

二年生になって、寮を出た。学校のさらに近くで友だちと暮らすようになってから、授業に一緒に行く人がいなくなったので、電動車いすを使うことが多くなってしまった。

電動車いすを使えば、自分のペースで自分の行きたいところに行ける自由がある。でも一方で、バッテリーを長持ちさせるために電池をギリギリまで使い切りたいとか、同時にバッテリーが切れたらどうしようという葛藤で、疲れることもよくある。自分でできることにいったん慣れてしまうと、人を頼ることに躊躇《ちゅうちょ》を感じるようになってしまう。手動の車いすを使っていたあのころの積極性を取り戻せたらいいのに、と思うこともある。

車いすのおかげで、人と知り合うきっかけを作るのに自信があった私は、不安をあまり感じずに一年生のスタートをきることができた。「人に頼っていい」と同じように車いすユーザーの母から教わってきていたこともあって、人と出会えば、困ったことも乗り越えられると知っていたからかもしれない。

車いすだと、困ることが多いように思われるけれど、私は車いすのおかげでたくさんの出会いを得てきた。「車いすを押して」というのは、私にとってのスーパーパワーみたいなものなのだ。

「どこから来たの？」

Where are you from?（どこから来たの？）

という質問は、シンプルなようで、いろんな気持ちをひき起こす。なぜなら、今住んでいるところを聞かれているのか、出身地を聞かれているのか、わからないからだ。好きなほうを答えればいいのだけれど、自分がその国のマジョリティではない場合、この質問をされるたびに、自分がよそ者であるような気分になるという人もいる。今自分の住んでいるところを答えても「で、どこから来たの？」と聞かれることがあるからだ。そう聞かれる時の質問の意図は、「民族的にどこから来たの？」ということなのだが、「あなたはニュージーランド人ではない」と言われているような含みを感じる。

ニュージーランドに来た初めのころは、この質問に違和感を持たなかったけれど、この国に住む期間が長くなってきた今、答えに困ることがある。

「何年ニュージーランドにいるの？」と聞かれて、「もう四年になるよ」と答えた時、「じゃあ、もうニュージーランド人だね！」と言われたこともある。それはそれで、「え、ニュージーランド人になるのってそんなに簡単なの?」と驚いたと同時に、「いやいや、私は日本人だよ」と感じたことをおぼえている。

いつまでも外国人であるというのは、よそ者扱いをされているようで寂しいけれど、この国の人として見られるのも、それはそれで自分の元の国のアイデンティティが消えてしまうようで、複雑な気分になるのだ。

こうした気持ちを表現するのに、"Too foreign for home, too foreign for here" というぴったりのフレーズがある。「ここでも故郷でも溶け込めない」という意味だ。これは、一度留学を経験したことがある人には、腑に落ちる感覚だと思う。

私も、日本で生まれ育ったはずなのに、日本に戻るたびに「逆カルチャーショック」を受ける。ニュージーランドの私の住む地域はおだやかで、広大な空が広がっている。ゆったりしている人が多い。それに比べて、東京は建物と人で所狭しとうめ尽くされている。電車の中や街中にあふれている広告などの情報量にも驚かされる。険しい顔をして、せかせかと道を歩いている人が多い。そのスピードの速さや物の多さに圧倒されて、ニュージーランドだったら……と心の中で比べはじめてしまう。

こんなふうに、自分の国に帰った時に、かつてはなじみ深かった風景が、そうではなく感じられる時、その場所にもう溶け込めない感じがするのだ。

だからといって、ニュージーランドを、完全に自分の「故郷」のように感じるかといったら、それも違う。さっきのように、だれかに「どこから来たの？」と聞かれるたび、「私はこの国の人ではない」と感じるのを避けられない。

この感覚は高校生のころからあって、同じ留学生仲間と話すこともあった。この、どちらの国にも居場所がないような気分は、私たちの気持ちを時に不安定にさせた。

「どの国にも属していない」と感じると、ぽつんとひとりぼっちな気分になることがある。でも大学に来てから、幼いころに家族と一緒に移住してきた学生や、ニュージーランドで生まれ育ったけれど移民の両親を持つ友だちとの出会いを通して、その思いは自分だけが感じるものではないことがわかってきた。

私は、この「どこにも属していない」感覚を共有できるようになって、「自分が一人ではない」と感じられるようになった。異国で感じる孤独も、同じ気持ちの人同士で共有すれば、もう孤独ではない。違う文化の狭間で、どちらかに属しきれない自分に何かが欠けているのではなく、それぞれの文化のいいとこ取りをしていい、ということを、同じ境遇の人たちから学んだ。

文化の違いを理解してうまく付き合っていくのは、むずかしい。でも、いいとこ取りしてオーケー、と思えるようになってから、むずかしさもおもしろいと思えるようになった。

こう思えるようになったことの大きな理由に、大学三年生のころ一緒に暮らしていたティアとガイヤニの存在がある。ティアは中国からの留学生で、ガイヤニは高校生の時に家族でスリランカから引っ越してきた。二人とも、自分の国の文化を大切にしていた。一緒に暮らしはじめてすぐに、中国の新年、日本でいう旧正月が来た。ティアと一緒に、中国の伝統服である旗袍《チーパオ》（チャイナドレス）を着て、街のお祝いに参加した。そこで「福」と書かれた赤い四角い紙をもらって、逆さにしてリビングに貼った。引っ越して間もなかったリビングに、いい気が流れてきたように感じた。

スリランカのお正月は、四月中旬だ。スリランカでも家族そろって、たくさんのごちそうを食べるという。大学の講義があったガイヤニは、実家には帰らず、ごはんをミルクで炊いたミルクライスと、何種類かの野菜のカレーを作ってくれて、同居人たちと一緒に食べた。ごはんは、素手で食べたほうがおいしいからと、指先だけを使って、てのひらを汚さずに食べる方法を教えてくれて、みんなで挑戦した。私は日本料理にあまり自信がなかったから、自分の国の料理が得意なティアとガイヤニにあこがれた。

風邪をひいた時には、おかゆを作ってくれたり、寝込んでいる私をこまめに気にかけてくれた。そんな二人の「おせっかい」がうれしかった。こういう距離の近さは、アジア系の友だちから感じることが圧倒的に多かった。病気になった時に、丁寧に面倒をみてくれる友だちがいたことは、深い安心感につながった。

自分の文化をよく知っている二人だけれど、西洋的な生き方と、自分の国の生き方の間で、悩んでいることも多かった。親からの期待や、将来は親の介護をしなければいけないことなどを、プレッシャーに感じていた。それに比べ、白人の友だちの多くは、自分の人生は自分で決めていいよ、と親から言われていた。その代わりというのか、親の家に滞在する間は、親に家賃を払う人も多く、個人主義的な文化のあり方を感じた。


移民として生きるということは、常に、自分が育ってきた文化と、新しく暮らす国の文化の間を行ったり来たりすることだ。

文化は、そのまま人の行動や、考え方をかたち作っていく。私は、アジア系の友だちといる時のほうが、相手との距離が近く感じる。誰と一緒にいるかによって、自分のふるまいを変えることは、疲れる時だってある。一方で、私の場合、相手の文化に自分が合わせられるようになってきてから、自分の居場所について、悩まなくなってきたように思う。

英語圏の国といっても、アメリカとニュージーランドではだいぶ違う。ステレオタイプ的に言えば、アメリカの人たちの多くは、自己主張が強く、意思がはっきりしている。それに比べて、ニュージーランドの人たちの多くは、控えめで、遠まわしな言い方を好むようだ。そこは、少し日本人に似ているとも言える。

日本には、「出る杭《くい》は打たれる」という言葉があるけれど、ニュージーランドには、Tall Poppy Syndrome（トールポピー症候群）という言葉がある。両方とも社会の中で突出している人が、非難されるというような意味だ。

ある時、自分でソーシャルビジネスを立ち上げている二〇代の女性たちと会う機会があった。自己紹介をする時に、「自分がしてきたことを話すのは、自慢に聞こえて恥ずかしい」という意見があって、自分の団体紹介になったことがあった。自分の成功としてではなく、自分の立ち上げた団体の成功という言い方なら、プレゼンテーションできる、というのだ。もしアメリカの人だったら、遠慮して自分の成功を話さないということは、あまりないのではないかと思う。

どんな国に行っても、文化の違いや、自分のアイデンティティについて悩むことがあるだろう。私は悩むプロセスを通して、じつはたくさんの人が似たような悩みを共有していることに気づいて、自分のアイデンティティを受け容れられるようになっていった。

ニュージーランドは、ほかの英語圏より日本に近いところもあるし、ゆったりした環境が居心地がいいこともあって、今は、もう居場所がないと感じることはない。

もし今、自分のアイデンティティに居心地の悪さを感じている人がいたら、その思いを共有できる人たちとの出会いを探してほしい。そうしたら、自分が感じている感覚は、意外と一人だけのものではない、と感じることができるかもしれない。私は、自分だけが感じているものではない、と気づくことで、自分のアイデンティティについての悩みが解決しなくてもいい、悩んでいてもいい、と思えるようになった。

そして、そうやって自分のことを受け止められるようになる中で、自分にとって居心地がいい場所を見つけられるようになってきた。

ソーシャルワークとの出会い

私が大学に進むことを決めたのは、「どんな子どもも、よい幼少期を過ごせる社会を作りたい。そのための方法を学びたい」という思いからだった。そこで専攻は、心理学を選んだ。子どもの発達過程や、社会環境を作る人間心理を学ぶことを通して、子どもの成長にとっていい環境とはどういうものかを学べるのではないかと思ったからだ。

ところが入学後の授業は、統計学や脳科学の基礎といった数学的・科学的な内容ばかりで、人文科学を期待していた私はがっかりした。

もちろん、自然科学からも学ぶところがあった。脳がどのように記憶を貯《た》め、必要に応じて思い出すことができるのかとか、神経科学的な観点から見た精神的な症状などについては、興味深かった。また、ある授業で教授が「私たちは、自分たちの脳のことより、宇宙のことのほうがわかっているんだ」と言っていたことが衝撃的で、よくおぼえている。だけど、統計学などの数値を使って「人」や「社会」を分析するアプローチには、どうしてもなじめなかった。

そんなふうに自分の選んだ授業に満足できずにいたころ、友だちの授業に「もぐり」に行ったことが何回かあった。

初めてもぐったのは、地理の授業だった。友だちが「土地の開発による貧富の拡大」について勉強していると教えてくれて、おもしろそうだと思ったのだ。アジア人で車いすに乗っている学生なんて、私一人しかいないので、教室に入った瞬間、この科目の履修生ではないことはバレバレだったと思う。

聴講後、教授に「とてもおもしろかったです。これからも、聞きに来ていいですか」と聞いたら、快く承諾してくれたので、その授業には何度かお邪魔した。その教授が「地域について学ぶことを通して、社会変革をめざしている」と言うのを聞いて、それも楽しそうだなと思い、地理学に専攻を変更しようかと真剣に思ったりもした。

もともと、興味があった社会人類学の授業にもぐったこともある。社会人類学とは、世界各国の共同体や家族の成り立ちや、それから浮かび上がってくる社会の構造に注目する人類学の一分野だ。子どもの社会的背景と関係があるかなと思ったのだが、期待していたものと少し違って、あまりピンとこなかった。

教授の研究内容や、その時々の授業のテーマによって内容も違うので、一回の講義で判断できるものでもないけれど、結局その授業に戻ることはなかった。

オタゴ大学では、一年間の中で取れる科目は最大八個。年間七つの科目を取ることが一般的だ。選択する科目数は、日本と比べたら圧倒的に少ないと思うけれど、コマ数は多い。たとえば、一年生の基礎心理学の授業は月・水・金の週三コマ、統計学の授業は火・木の週二コマだった。授業のあとには少人数制のフォローアップのクラスがあり、授業についていくためにはしっかり予習復習することが求められる。

必修科目は専攻によって決まっているが、必修以外に一つか二つ、選べる科目がある。その枠で、一年のころに取った社会学の授業が、私の大学生活を変えるきっかけになった。

ある日の社会学の授業に、ゲスト講師が来た。ソーシャルワーカーのニコラ教授だった。授業の中で、「ニュージーランドに住むすべての子どもたちが、安全に暮らせる社会ができるまで、私はリタイアしない」と彼女は言った。それを聞いて、「私はこの人の下で学びたい」と直感的に思ったのだ。

授業が終わったあと、すぐに彼女の名前を検索して、ソーシャルワークに専攻を変えたいのですが、どうすればいいですか、とメールを送った。そして一週間後には、彼女と直接会うことができた。

ラッキーなことに、心理学の授業で取った単位をそのままソーシャルワークの単位として換算することができるという。一年生のうちは、そのまま心理学の専攻にとどまって、二年生からソーシャルワーク学部に転部することが決まった。

「ソーシャルワーカーは不足しているし、卒業したら仕事を見つけるのは簡単よ」とニコラ教授は言った。それまでは大学を卒業したあとの進路について、あまり想像がついていなかった。でも彼女のその一言で、自分が歩いていく道筋がすっと見えたような気がして、とてもわくわくした。

今日まで、この決断を後悔したことはない。後悔どころか、授業を受けては、初めてニコラ教授と面接した時と同じような高揚感を感じたものだ。そんなふうに思えたのは、教授たちのまっすぐな姿勢と、包み込むような人柄があったからこそだと思う。

そして、ソーシャルワーク学部の学び方が私には合っていた。小論文を書く際に、一般的には「私」という主語を使ってはならない。客観的に論を進めなければいけないからだ。でも、ソーシャルワークの小論文は違った。自分の視点を含めること、自分の経験が、どういうふうに自分の考えや行動に影響を与えているかを考察し、説明することが求められる。私にとって、これはとてもやりやすい手法だった。


ソーシャルワーク学部で学んだことを、とても簡単にまとめると、大きく二つに分けられると思う。一つは、社会と人への理解を深めること。もう一つは、人と社会との関わり方を考えること。すべての人が学んだらいいと思うことばかりだ。

クライアントとしっかり向き合うためには、その人たちが置かれている状況と社会的背景を理解しなければいけない。困難を抱えている人たちの多くが、過去に「傷」を負っていたり、社会的に不利な立場に置かれていることがある。その人たちに対して、自分の中にある偏見やバイアスで判断してしまうことを避けるためには、自分の思考や言動がどこからやってくるのかということを、ちゃんとわかっていなければいけない。ソーシャルワークを学んだことで、社会やほかの人について同じ分だけ、自分自身についても学んだ。そうして自分への理解を深めることで、より対等で、向き合う人を尊重できる関わり合いができるようになるのだと思う。

ニコラ教授は、フェミニストだ。性被害にあった人のためのシェルター「レイプクライシス」を立ち上げたメンバーの一人でもある。彼女自身の家族のことや、仕事のキャリアについてなども、学術的な理論と同じくらい、貴重な話だった。

その中で一つよくおぼえているのは、新米ソーシャルワーカーだったある部下が家庭訪問に行った時、クライアントとうまく話せずに帰ってきてしまった話だった。訪問先で出されたお茶に猫の毛が浮いていたので、手もつけずにそそくさと帰ってきたという。そもそもクライアントの中には、お茶を出す余裕もない人も多い。そのソーシャルワーカーは、相手と関係性を築くチャンスを台無しにしてしまったこと。クライアントを訪問する時はクッキーなどの手みやげを持っていくといいこと。そして、お茶を出してくれたら、丁寧に受け取ることの大切さを話してくれた。

もう一人尊敬するのが、ウォーカー教授だ。彼はマオリの人で、南島の南部一帯を占めるカイタフ部族の出身。一〇代の初めから児童相談所に引き取られ、かなり荒れた思春期を過ごした。でも、一〇代後半のころに出会った一人のソーシャルワーカーから「信頼」を学び、その道に進むことを決断したという。彼もまた自分の経験を、学生たちと惜しみなく共有してくれた。マオリのウォーカー教授と出会って、私のニュージーランドへの理解はいっそうゆたかなものになったと思う。

この二人は、オタゴ大学教授であると同時に、今は政府の顧問としても活躍している。私のように、大学入学前に学びたいことがあったとしても、専攻選びで紆余曲折をたどる人は少なくない。転部がしやすい大学だったおかげで、本当に求めていたことを学ぶことができた。

ウォーカー教授の忘れられない言葉がある。「人のために悶《もだ》えなさい。私たちにはそうする義務がある（Be upset for others. Because you owe them.）」

不平等な扱いを受けてきた人の困難を、その人のせいにしないこと。ともに怒れること。それこそが共感力であり、人間としてあり続けるための試みなのだ。

ルームメイト

大学に入学して三カ月ちょっとたつ五月ごろから、その次の年に住む場所探しが始まる。

なぜそんなに早く家探しを始めるのかというと、八月ごろには、いい部屋はなくなってしまうと言われていたからだ。

ニュージーランドの賃貸契約は、ほとんどの場合、退去する四週間前までに家主に知らせれば、引っ越しできる。ところが、当時ダニーデンの学生向けの家には、一年契約というものが存在していて、一月一日から一二月三一日まで、その部屋に住んでいようがいまいが、家賃を払わなければいけなかった。契約期間がそう決まっているため、引っ越す半年くらい前から、引っ越し先の予約をしておくことが主流になっていた（なお二〇二二年現在、この一年間の賃貸契約システムはなくなっている）。

寮生活の項でも書いたように、ほとんどの一年生が寮生活を選ぶ。そして、そこで出会った友人たちと家を探して、二年生からはシェアハウスに移ることが多い。

ニュージーランドでは、一軒家をシェアすることを「フラッティング（Flatting）」と呼ぶ。私自身、生まれた時から国立《くにたち》のシェアハウスに住んでいたので、人との共同生活には慣れていた。だけど、自分で一緒に住む人を探して、家を探すのは初めての体験だった。

家探しを始めたころ、私は不安だった。車いすの私と一緒に住むと負担になることがあるというイメージから、「私と住みたいと言ってくれる人はいないのではないか」という思いがあったからだ。

でも、その不安は数日で吹き飛んだ。まわりの学生たちがだんだん来年の住む場所について話しはじめたころ、寮に入ってからいちばん仲良くしていたもーちゃんが「来年一緒に住もう」と声をかけてくれた。

私も心ひそかに一緒に住めたらいいなと思っていたので、その思いが伝わったのかなと、うれしかった。

一緒に住む人が決まったら、家探しだ。

大学の寮までわざわざ不動産会社の人が来て、物件探しや、フラッティングの注意点などを教えてくれた。

たとえばダニーデンは、冬は氷点下一度くらいまで冷え込むのにもかかわらず、断熱材が入っていない家もあった（二〇一九年の六月に、断熱材を入れなければいけないという法律ができたけれど、すべての家に断熱材が入っているわけではない）。だから家を探す時のポイントは、断熱材がちゃんと入っているか、窓が二重になっているか、室内にカビているところはないかなどをちゃんと確認すること。フラッティングを始める時には、一緒に住むフラットメイトたちと、家事の分担や、光熱費や家賃を払う当番、友だちを家に招く時のルールなどを決めること。

話の途中にクイズがあって、正解を答えられたら、キッチン用品などをくれた。

私ともーちゃんは最初から、私たち以外の人たちに声をかける気はなくて、フラット（一軒家）を探すのではなく、スタジオというスタイルの部屋を探そうと決めていた。

フラットは日本の一軒家と同じように、全部を住人同士でやりくりするけれど、スタジオは家賃に光熱費とインターネット料金が含まれていて、週に一回お掃除の人も来てくれる。住人全員と家事や支払いの分担をしなくて済むので、多くのトラブルを避けられるのだ。その代わり、家賃はフラットを借りるよりも割高だったり、住人同士の交流は少ないことが多い。

私ともーちゃんは、寮でもおたがいの部屋を行ったり来たりして、一緒に住んでいるようなものだったから、広ければ一つの部屋で暮らそうと話していた。そのほうが、一人当たりの家賃も安く抑えられるのだ。

不動産会社の人が教えてくれた家探しのコツを頭に入れて、まずはネットで探してみることにした。

ダニーデンには学生の家探しをサポートするサイトがいくつもある。スタジオ専門のページもあって、そこからいくつか、興味を持ったスタジオの大家さんに連絡して、見学に行った。

私たちは結局三つのスタジオを見学した。一つ目と二つ目のスタジオは小さめで、比較的新しい建物だった。最後に見学したのは、モーテルを改造した物件で、住人は一八人いた。

木造の大きな玄関を入ると、右手に大きな応接間があった。玄関に足を踏み入れた瞬間から、私ももーちゃんも、ワクワクしていたと思う。廊下を進み、右手にあった部屋を見学した。二人でルームシェアをしている女の子たちの部屋だった。広さは二〇畳くらいあって、タンスとベッドと勉強机が二つずつあった。奥にある広い窓からは裏庭の緑が見えた。シャワーとトイレの部屋には、ニュージーランドではめずらしい湯船までついていた。寮のモダンな雰囲気とはまったく違って、家全体がアンティーク調だったので、アットホームな気分になることができた。電動車いすで、家の隅々までゆうゆう移動できる広さもあった。そして、大学から徒歩四分という近さだった。

家をすべて見て回ったあと、二人とも「ここに住みたい！」と思った。家賃に光熱費も含まれているから、電気代を心配せずにストーブもつけられるし、お風呂だって入れる。こんな理想的な家があるのかと思うくらいに、私たちの希望にぴったりな条件の家だった。

見学を終えてから、大家さんに連絡を取り、その一カ月後に契約をした。

引っ越すのはまだ半年以上先のことだったけれど、来年から住む場所が決まったことで、肩が軽くなった。

オタゴ大学は、一一月の中旬くらいから次の年の二月下旬まで夏休みだ。

夏休みが始まると、寮を出なくてはならないけれど、新しい部屋にもまだ入れないという期間が三カ月くらいできてしまう。その間、どこに荷物を置くかが問題になる。

新しく住む部屋に住んでいる人たちと交渉して、荷物を置かせてもらうこともできると聞いて、私たちもそうすることにした。

新しい家の空いているスペースに荷物を置かせてほしいと大家さんと話して、交渉が無事に成立。大学が終わる直前、私ともーちゃん、二人分の荷物を段ボールにつめて、運んだ。住んでいた寮から新しい家までは、歩いて一〇分ちょっと。手伝ってくれた友だちの車に載りきらなかった荷物は、荷車みたいなのに載せて、街の中をゴロゴロと歩いて運んだ。一年いただけで、荷物がだいぶ増えたなあ、と思った。

私ともーちゃんの同居のルールは、何回か決めようと話し合ったけれど、結局作ることなく時間が過ぎていった。お客さんが来た場合、夜一〇時までと決めたこともあったけれど、結局それも守らない時だってあった。とてもラッキーなことに、私たちの間では、それでも大きな問題になることはなかった。

スタジオでは、住人同士あまり関わりがないと聞いていたし、一八人暮らしといっても寮生活から比べるとぜんぜん少ないので、寂しいかなと思っていた。

でもそんな不安は、ぜんぜん当たらなかった。

引っ越してから数日間は、毎日キッチンや廊下で、「九番の部屋に引っ越してきたウミというの、よろしくね！」とあいさつを交わした。みんな「こっちこそよろしく！」と、感じのいい人たちばかりだった。

三日目、私が洗濯機の前にいたら、廊下の向こうから明るい声で「やっほーーーっ」と言いながらこっちに向かってくる女の子がいた。そして「私、ジャニスというの、あなたがウミね！　私はこっちの部屋に住んでいるの。何かあったら、なんでも聞いてね。よろしくね！」と話しかけてくれた。その時点で家の中で会ってなかったのはジャニスくらいで、ほかの住人から私の話を聞いていたみたいだった。

小柄ではつらつとしたジャニスは台湾出身で、オタゴ大学で動物学を専攻していた。おたがい人懐っこい性格だったり、環境について関心があるという共通点もあって、すぐに仲良くなれそうと感じた。

寮のごはんは、まずかったわけではないけれど、自分でメニューも決められないし、繰り返し同じものが出てくるしで、飽きを感じていた。だから、もーちゃんも私も、スタジオに引っ越して自分たちで料理できることが、何よりの楽しみだった。

スタジオのキッチンは三面で、とても広かった。

夕飯を作っていると、よくほかの住人も料理を始めたりして、ごはんを作りながら、おたがいどんな一日だったかとかを話し合った。

寮では自分で料理もできなかったし、部屋には六人までしか人を入れてはいけないというルールがあって、友だちと一緒にごはんを作って食べることはできなかった。だから、いつでもだれでも人を呼べる新しいスタジオの環境がうれしくて、引っ越したばかりのころは、毎日のようにいろんな人を呼んで、一緒にごはんを作って食べたりした。


引っ越してから二カ月ほどたったころ、大家さんから「あなたたちのキッチンとリビングの使い方について、ほかの住人から苦情が来ている。話し合いをしたい」とメールが来た。

ほとんどの住人とは仲良くしていたけれど、キッチンにいちばん近い部屋に住む女性とは、あまり打ち解けられずにいた。彼女からの苦情だろうとすぐに思い当たった。きっと、いろんな人が行き来する音が、うるさかったのだと思う。

メールが届いてから一週間後くらいに、大家さんとミーティングをした。大家さんはおおらかな感じの年輩の男性で、「君たちが人を呼びたい気持ちもわかるけれど、もう少し控えめにしてくれないか」と優しい口調で話してくれた。

厳しい物言いではなかったのに、話し合いのあと、なんだか泣けてきてしまって、もーちゃんと一緒に泣いた。でも泣いたあとに、苦情を寄せた住人の気持ちも理解できて、それからは来客がある時は、彼女が部屋にいるようであれば、自分たちの部屋で過ごすことにした。それでも、最後まで、彼女とは打ち解けることはできなかった。

住人の多い少ないにかかわらず、シェアハウスに暮らしていれば、いざこざはつきものだ。たくさんの人と一緒に暮らすということは、おたがいのやりたいことを通すだけではむずかしい。どうしたらおたがいがともに心地よく暮らせるかを、考え続けていかなければならないのだ。

As President
I will work to strengthen the independence of the OUSA and hold the university accountable.
UNITY
Umi Asaka
FOR
International Officer
www.voting.ousa.org.nz

3 多様性はむずかしい

初めてのキャンプ

二年生からのルームシェア生活では、一生の友だちを得ることもできた。

スタジオに引っ越してから間もないころ、リビングに行ったら、ジャニスが夕飯を食べていた。「今日はどんな一日だった?」とか他愛もない話をしたあとで、ジャニスが「今度一緒に山登りに行かない?」と言った。一緒に出かけたこともなかったのに、車いすの私を山に誘ってくれたことにびっくりした。同時にとてもうれしい気持ちになった。驚いたせいで返事が少し遅れたけれど、すぐに「行きたい!!」と返事をした。

それから数週間後、ジャニスが今度は「台湾の文化部のキャンプに行かない?」と声をかけてくれた(文化部については4章「大学で世界旅行」を参照)。彼女はその部の役員の一人で、このキャンプは彼女の企画だという。ニュージーランドでは、山登りやキャンプは人気のアクティビティだ。でも、私はまだどちらにも行ったことがなかった。せっかくの機会だし、ルームシェアをしているもーちゃんと一緒に、参加することにした。いつか山登りに行くとしたら、アウトドア・キャンプに参加するのは、いい練習にもなる気がした。

　キャンプの参加者は、二五人ほど。その中には、ジャニスの友だちとして参加している女の子がいた。アンという名前で、マレーシアから来たと言う。会った瞬間からおたがいに親近感をおぼえ、すぐに仲良くなった。

　当日、大学から借りたテントや寝袋を積んで、何台もの車に分かれて出発した。行き先は、車で四〇分ほどのウォーリントンビーチ沿いのキャンプ場。

　目的地に着いたら、テントを張る前に、みんなでビーチに行くことにした。駐車場からビーチまで、歩いて一〇分ちょっとあった。友だちが交代でおんぶしてくれて、車いすはもーちゃんが押してくれて、たどり着いた。

　長いビーチをしばらく歩いていくと、洞窟みたいになっているところがあって、そこをくぐると、大きなビーチから切りはなされた小さなビーチがあった。前に行った沖縄の渡《と》嘉敷島《かしきじま》のビーチを思い出すような景色だった。

　真っ青な海と、やわらかな砂の上に、きらきらと寄せては返す白い波。そのようすに吸い込まれた。

　しばらく海を眺めたり、散策したり、自由に過ごしたあと、「BANG!《バン》」というゲームをすることになった。

みんなで輪になって、一人が真ん中に立つ。その人が手で作った銃を撃つふりをしながら、輪の中のだれかの名前を呼ぶ。名前を呼ばれた人はしゃがまなくてはならず、その両脇の人が「バン！」と言いながら、おたがいを撃ち合うというゲームだった。名前を呼ばれたのにしゃがむのを忘れた人か、「バン！」と言うのが遅かった人が負けだ。

みんな真剣になって、どんどんゲームのテンポが速まる。名前を呼ぶ声と「バン！」という声が連なっていく。私は早々に負けてしまい、輪からはずれてそのようすを見ていた。輪になって遊ぶこと自体久々で、新鮮で楽しかった。

あっという間に時間が過ぎてゆき、肌寒くなってきたのでそろそろキャンプ場に戻ろうかという話になった。着いたら、それぞれ四、五人ずつに分かれて、テントを建てて、車からテントへと荷物を運び込んだ。

夜ごはんは日本のカレールーを使ったカレーだというので、私ともーちゃんは率先してカレー作りをした。

簡易コンロしかないところで、二五人分の料理をするのはむずかしかった。「こんなに大量にじゃがいもを入れていいの？」とか聞かれながらも、カレーを作り終えた。私以外にもお肉を食べない人たちがいたので、カレーはお肉なしだった。みんなからも好評で、もーちゃんも私もホッとした。

キャンプ場に電気は通っておらず、日が沈んだあとは、持ってきた豆電球の明かりだけ。小さなシートにつめ合って輪になって、みんなでジャニスのギターを聞いたり、台湾で流行っていた日本の曲を、中国語と日本語で一緒に歌ったりした。二つの言語が、ギターの音と溶け合っていった。星空が延々と広がっていて、この世界に私たちしかいないような気がした。それでも、みんなと一緒にいたから、ちっとも寂しさはなくて、むしろ解放感で満たされていた。

ひとしきり歌ったら、昼間ビーチでたくさん遊んだ疲れも出てきた。まわりも真っ暗だし、九時になるころにはテントに戻って寝ることにした。

四月だったけれど、もう肌寒さを感じた。カレーを作るために持ってきた簡易コンロでお湯を沸かし、小さな湯たんぽを作って同じテントの子たちと回して使った。そして、寝袋の中に毛布をつめて寝たら、暖かさの中で眠りにつくことができた。

次の朝、じわっとした湿り気を感じて目が覚めた。テントの薄い布越しに、少しまわりが明るくなってきているのがわかった。一瞬自分がどこにいるのかわからなくなったけれど、すぐにキャンプに来ていることを思い出した。湿り気は、朝露がテントを湿らせていたからだった。

寝る前に、起きられたら朝日を見に行こうと話していたので、テントから顔を出してみたら、それぞれのテントから起き出してくる人たちがいた。その中には、アンもいた。

日の出の前に起きたメンバーで、昨日歩いたビーチへと向かった。みんな、キャンプで初めて会った子たちだったけれど、一緒にいて居心地がいい人たちだった。着いたころには、もう朝日は昇りはじめていた。薄曇りの空の淡い朝の光に包まれて、おだやかな気持ちになった。大学での忙しい日々とは違う、こんなに優しい時間が流れている場所があるということに、ほっとした。ビーチからの帰り道は、友だちに肩車してもらって帰ってきた。

「車いすでも大丈夫かな?」いつも新しいことを実行する前は、そんな思いが頭をよぎる。でも、「やってみたい! 行ってみたい!」という気持ちのままに行動してみると、楽しいことばかりだ。今回も、初対面の人が多かったから不安もあったけれど、みんな快く手を貸してくれた。

しばらくして、アンから「私たちの写真発見!」とメッセージが送られてきた。キャンプの時に撮った写真が、大学の学生会館の窓にでかでかと貼ってある写真だった。台湾の文化部の部長が「大学の部活写真コンテスト」に、その写真を応募したという。それが、優秀賞に選ばれて、貼り出されることになったのだった。

文化部でキャンプに行くことはめずらしく、台湾クラブにとっても初めての試みだったけれど、大成功だったこのキャンプは大学生活のとてもいい思い出になった。写真はそれから私が大学にいる間、ずっとそこに貼ってあった。その前を通るたびに、何もかも新しかったあの時の楽しさを思い出して、思わず笑みがこぼれた。

障がいを持つ人のビザ

留学する時の難関の一つに、ビザがある。海外暮らしは、ビザを取らなければ始まらない。

日本のパスポートは、世界の中でもとても優位なパスポートだ。入国できる国数がとても多いし、ビザを取るのも、西欧圏のパスポートと同じくらい簡単だ。差別的なことに、フィリピンやタイなど、グローバルサウスと言われる国の人がビザを申請する時は、日本のパスポートの人よりも、取得するまでに時間が長くかかったりする。

そうむずかしいことではないといっても、ビザの申請は正直、面倒だ。長期滞在ビザの場合、初めて申請する時は、健康診断書（血液検査、レントゲン、基本的な問診）と、無犯罪証明書が必要だ。一回それらを提出してしまえば、三年間は有効なので、初年度以降は楽になる。……はずなのだが、私の場合、車いすに乗っているからと、大学にいた四年間、毎年医師による健康診断書を提出するよう、お達しが来た。

ニュージーランドは、国民や長期滞在する人の基本的な医療費が安い。つまり、公的支出でまかなわれる割合が高いのだ。だから、「国の医療費の負担になりそうな人」に対しての審査が厳しい。

この健康診断は、日本で受けても一万円以上するが、ニュージーランドで受けると、総額六五〇ＮＺドル（日本円で約五万六〇〇〇円）ほどにもなる。ほかの人は、そんなことをする必要がない中、それを求められることは金銭的にも精神的にも、苦痛だった。

大学一年生の夏休みが明けて二年生の講義が始まる前の二月中旬、日本からニュージーランドに戻ってきた時のこと。大学の留学生サポートセンターの人がビザの手続きを手伝ってくれると聞いていたので、ニュージーランドに戻ってきてからビザの申請をすることにしていた。前年からの学生ビザが切れるのは三月三一日。期限まで一カ月半あれば、新しいビザに更新するには十分だと思った。私と同じように考えている留学生ばかりで、サポートセンターは、ビザを申請したい人で長い列ができていた。

私の大学は、ほぼすべての建物がバリアフリーだった。でも皮肉なことに、私が使う留学生サポートセンターと、私の学部には、階段しかなかった。ビザの手続きは、事前に事務所スタッフとメールで打ち合わせて、書類を提出する時は担当者に階段を下りてきてもらって、対応してもらっていた。

申請書類は簡略化されており、手続きはあっという間に終わった。この時は、健康診断書も無犯罪証明書も、去年提出したから必要ないと思っていたので、簡単に終えたことに安心していた。


ところが、数日もしないうちに、移民局から、「健康に異常があるため、あなたが大学のコースをちゃんとやりきれるかどうかを判断する必要がある。レントゲンを撮って、その結果を提出してください」というような連絡が来た。

私の障がいは、骨が折れやすいというもので、たしかに骨折をしてしまうと、その間は、大学に通えなくなるかもしれない。でも、骨折しないかぎりは健康だ。前の年も無事に大学生活を送ることができたのだから、今年もやり通せるだろうと、自分自身を疑うことはなかった。しかも、その時点では、もう一〇年間骨折をしていなかった。だからこそ、私に会ったこともない人に、自分のキャパシティを疑われるのが、くやしかった。

私は幼い時から、「自分がおかしいと思ったことにはおかしいと言っていい」と言われて育った。診断書の提出を求められることは、おかしいと思ったので、提出する前に、移民局ともう少し対話してみようと思った。でも、一人だけでそのような行動を始めるのは不安だった。

そんな時、大学一年のころにお会いした、当時博士課程にいた女性のことを思い出した。彼女の名前は、ロビーさん。オシャレな柄の義足を使っている。

私たちは、障がいを持つ人たちの生活改善のための方針について政府が見直しをするために、ニュージーランドの各地で当事者から聞き取りをするミーティングで出会った。別れ際に、彼女が「何かあったら私の研究室を訪ねていいからね」と声をかけてくれたのだった。障がいについて何かしらの理解がある人なら、診断書の問題を一緒に考えてくれると思い、彼女の研究室を訪ねることにした。

突然、研究室に押しかけたのにもかかわらず、ロビーさんは私の話を聞いてくれた。そして、移民局に手紙を出してみよう、ということになり、手紙を書くのを手伝ってくれた。

移民局の対応は遅かった。ビザの更新期限が迫っていたので、返事を待っていられなくなり、結局、移民局から言われた通りにレントゲンを撮って提出した。結果はそうだったけれど、嫌な思いを感じた時に、そのままやり過ごすのではなく、自分で考えて行動できたこと、そして、協力してくれる人のサポートを得られたことは本当によかった。さらに、この出会いがきっかけで、その一カ月後から彼女が立ち上げた団体でインターンをさせてもらえることになった。嫌なことからチャンスが生まれてくることもあるんだな、と改めて思ったできごとだった。

三年生になった時、今度は「健康診断をもう一度受けて、キャパシティがあると医師が証明する診断書を提出してください」という通達が来た。その時も、一年前と同じような気持ちになった。

移民局への手紙は効果がないかもしれないと思ったので、今度は、国会議員に力を借りてみようと思いついた。ただ、将来もニュージーランドに滞在できたらいいなと思っていたので、抗議して名前が残ったら、と心配になった。それで、この年は結局おとなしく健康診断を受けた。診断は、身長と体重を測り、日常生活をどう過ごしているのかという簡単な質問に答えて一〇分で終わり。二万円くらいの費用がかかった。つくづく意味がないように感じた。

無事、三年目のビザが下りた。それと同時に、「次の年からビザを申請する時は毎回、健康診断書かレントゲン写真を提出するように」との手紙が同封されていた。一度提出すれば三年間有効なはずなのに、私のコンディションもちゃんと知らないで、毎年の提出を義務づけられることがショックだった。それに対して、また手紙を書こうと思い立ち、まわりの人の力も借りて手紙を書いた。けれど、やっぱり抗議したという経歴が残ったらと思うと悩み、手紙は出さずじまいで一年近く過ぎた。

そして大学の最終学年。ビザを更新する時期が来た。今年こそ、レントゲンも健康診断書も、どちらも提出したくない。そう決心して、手紙を出すことにした。

でも、システム側から言われたことをやらないということは、勇気が必要だ。ビザを申請する時、外国人である私のニュージーランドでの立場は圧倒的に弱く、ビザが下りなければ、強制送還されてしまう身でもある。ニュージーランドが好きだし、ここに住んでいたいと思えば思うほど、ここに住めなくなるのは、とってもこわいことだ。ビザの申請書類を作りながら、そんな思いが頭の中をぐるぐる回っていた。

重たい気持ちで、留学生サポートセンターに書類を提出しに行き、「例の書類の提出を求められているけれど、今回は提出したくないので、手紙を書きました」と窓口で伝えたら、笑顔で「そしたら手紙を同封する、とだけ書類に書いておいてね」という答えが返ってきた。てっきり、「移民局から言われているのだから、その書類は提出しなければいけないよ」と言われることを予想していたから、意外な答えで、びっくりした。そしてとてもうれしい気分になった。思わず「柔軟な対応をありがとう」と伝えたら、「学生たちのためにできることをするのが、私たちの仕事だから」と答えてくれた。ニュージーランドのこういうところが好きだなと、改めて感じた。

個人の状況やその人にとってベストなことを優先して、システムにしたがうだけじゃない対応を取る。それは、画一的なシステムが、すべての人には当てはまらないし、今あるシステムが人のためにならない時もあるという考えが、人々の中に共有されているからできることだ。

三度目の正直と言えるだろうか、ビザの申請書類に移民局へ書いた手紙をやっと同封し、それから、私が住む街の選出で、当時保健省の大臣だった国会議員にも手紙を出すことにした。その大臣の事務所がなんと大学から徒歩三分のところにあったので、事務所まで手紙を持っていった。受付の女性に「この手紙はいつ大臣に届くでしょうか?」と聞いたら、「今日これから彼とミーティングをするから、その時に手渡ししておくわ」と言ってくれた。大臣との距離の近さに驚いた。

私一人の問題で、大臣に手紙を書くなんて、という思いが少し頭をよぎったけれど、これは私一人の問題ではない。実際に、健康状態がみんなと違う知り合いからも、毎年健康診断書を提出するよう移民局から言われて困っていると聞いていた。そして、これから留学したいと思っている、障がいを持つ人たちもいるだろう。そういう人たちが、少しでも困難が少なく、この国に来られるようになったらいいと思うからこそ、私は手紙を出す。

そう思えるようになるまでに、じつに三年かかってしまったけれど、一回も手紙を出さず大学生活を終えてしまうことにならずに、よかった。

結局、保健省の大臣には立場上の制約があって、できることはないという返事が来た。移民局からも、今度はレントゲンと健康診断書、両方を提出するように通達が届いた。

ここで勉強を続けるためには、ビザがないことには始まらない。できるかぎりのことは手を尽くしたという思いもあったし、ほかにもう選択肢がないから、レントゲンと健康診断書を提出した。そのあと、ビザは認められて、おかげで、今もこの国にいることができている。

私が大学三年生の時に、障がいを理由に永住権の申請を却下されたジュリアナ・カルヴァリョさんの話を知った。彼女は、二〇一二年にニュージーランドに家族と移住し、それからずっと働いてきたのだが、彼女の家族全員にビザが下りた時、彼女だけには下りなかった。それから七年近く、裁判と多数の署名活動が続いた。最終的には移民副大臣の調停をへて、二〇二〇年に永住権を手にした。その道のりはとてもハードなものだった。彼女は病気で中途障がいを得て、車いすユーザーになったのだが、障がいを得たことよりも、永住権獲得までの道のりのほうがたいへんだったと語っている。大学を卒業したのち、私はジュリアナさんと出会うきっかけがあった。今は彼女と一緒に、障がいを理由にしたビザ申請上の差別方針を変えようと、政府に働きかける活動をしている。

障がいを持っているといろんなハードルがあるけれど、これは、私一人だけの問題ではない。システムに対して柔軟性を求めるのは、正直たいへんなこと。でも声をあげていくことで、もっと人間的な社会ができるのだと思っている。

コーヒー豆でつながって

ルーシー財団（The Lucy Foundation）との出会いは、前に記したロビーさんとの出会いがきっかけだった。ロビーさんはおしゃれな義足を使っている女性で、二〇一四年に、ルーシー財団を立ち上げた。ルーシー財団は、「持続可能でエシカルな貿易を通じて、地方の障がいを持った人たちをエンパワーする」という目標を掲げる。南メキシコのプルマイダルゴ村で、コーヒー農家に生まれた障がいを持つ人たちと活動をしている。コーヒーの木は山の斜面に生えているため、障がいを持っているとその栽培や収穫の過程になかなか参加できないのが現実だ。だけど、コンポストで堆肥《たいひ》を作ったり、収穫後の豆の選別など、できることはたくさんある。

ロビーさんが最初にプルマイダルゴを訪れたころは、障がいを持った人の多くは一日中家の中にいるだけの生活を送っていた。メキシコから遠くはなれたニュージーランドでともに活動しようとしても、文化も何もかも違う中で行うのはむずかしすぎる。そこで、このプロジェクトを立ち上げるために、ロビーさんの友人家族が、ニュージーランドからプルマイダルゴに引っ越した。そして、家族たちとゆっくり関係を築いていく中で、一緒に何ができるかを考えてきた。

私がビザのことで、ロビーさんに相談しに行った時、ロビーさんはちょうどルーシー財団を日本の団体に発表したいと思っていた。そこで、活動の内容を日本語に訳すのに協力してくれないかと、ロビーさんは私に声をかけてくれた。ルーシー財団の活動に感銘を受けていたし、新しいことを始めるのは大好きなので、すぐに請け負った。

翻訳する中で、世界の障がいを持った女性の識字率がたったの一パーセントであることを知った。大学院にまで進んだロビーさんは、自分のケースがいかにめずらしいことなのかを痛感したあと、障がいを持って大学院で学ぶ女性がめずらしいままであってほしくないという思いから、ルーシー財団を立ち上げた。それは、ニュージーランドの大学で学びながら私が抱いていた思いにも、とても似ていると感じた。

きっかけは、ロビーさんが二二歳のころ、人権団体の監視委員として、メキシコの障がい者施設に視察に行ったこと。小さな部屋に、ぎゅうぎゅうに人がつめ込まれて、自分では動けない人たちが、体によくない体勢のまま廊下に放置されていたり、排泄物もそのままだったり……。環境のひどさに言葉を失ったそうだ。

ロビーさん自身が、障がいに対して肯定的になれない時期も長かった。けれど、その時、自分の境遇《きょうぐう》がいかに恵まれていたのか、気づいたそうだ。それ以来、自分の障がいをもっと受け容れるようになって、障がいがあるために、学ぶ機会も得られないような環境にいる人たちの支援をしたいと思うようになったという。

それから、世界中のへき地へ宛てて、「障がいを持った人たちとつながって、コミュニティの中でともに生きられるあり方を模索したいと思っている」と連絡をして、返事が来たのがプルマイダルゴ村の、このコーヒー農家だった。コーヒー栽培で有名な地域で、ロビーさんはコーヒーが大好きだったので、とてもよいマッチングだった。

プルマイダルゴのコーヒーの木々は、二〇〇〇年の初めから続けて大きなハリケーンでダメージを受け、収穫量が激減した。地域全体で生活も苦しくなっていたから、障がいを持った家族をサポートするような余裕はなかったのだ。そこで二〇一六年、障がいを持った人たちと、オーガニックな手法を使ってコーヒーの木々を回復させるプロジェクトが始まった。

ルーシー財団の活動を日本語に翻訳するというタスクは、もう一人の日本の人との共同作業で、あっという間に終わってしまったのだけれど、そのあとも「インターンとしてルーシー財団に残らない？」とロビーさんが声をかけてくれた。翻訳作業で関わるうちに、さらにルーシー財団の活動に惹かれていたので、もちろん二つ返事で関わっていくことを決めた。

偶然にもその年、ルーシー財団の話がある前から、夏休みには南米に行こうと決めていた。そこから、プルマイダルゴを訪れることも、あっという間に決まっていった。

私たちのニュージーランドでの活動は、助成金を申請したり、プルマイダルゴのコーヒー豆を使ってもらえるようカフェに売り込みに行ったりすることだけれど、活動のメインはやはりプルマイダルゴ、現地での活動だ。参加して間もないのに、現地を訪れる機会がやってきて、とてもわくわくした。

私がプルマイダルゴに着いたのは一二月の上旬だった。山奥だから、朝晩はひんやりする。一〇年前までは車道も舗装されていなかったというその村には、おだやかな時間が流れていた。

都市部への道路ができてから若者が都会へと流れ、家族単位で自給自足が可能だった生活は崩れていった。自分たちは飲むことのないコーヒーなどの栽培によって外貨を稼ぎ、また、外から運ばれてくる野菜などの食料に頼らなければいけないという生活は、安定しているとは言いがたい。地震などで道路が閉ざされてしまうと食料の流通が止まり、栄養失調になってしまう人もいたと聞いた。外貨が稼げることは、いいことばかりではないと知った。

稼げるといっても十分な収入があるわけではなく、生活が楽ではないことは一目でわかった。それでも、どの家もドアは開けっぱなしで、外から中が見える。通りすがりに「やあ」と声をかけ合ったり、時には家に上がってお話ししたり。仕事をしている時でもだれかが来れば、その手を止めて、お客さんと一緒にお茶を飲んで話す。仕事のタスクを終わらせることより、目の前にいる人と過ごす時間を大切にしているように感じて、どこかなつかしい安心感をおぼえた。

朝日が昇る少し前から、コーヒー農家のお隣のお母さんは、土窯《どがま》に火を入れて、近所から買いに来る人の分までトルティーヤを焼く。この辺りの主食は、とうもろこしの粉から作るトルティーヤにチーズや野菜を載せたものだ。メキシコに来て初めて知ったけれど、私が知っていた硬いトルティーヤチップスはアメリカで作られたもので、本場のメキシコのトルティーヤは、皮がやわらかいのだ。たくさんの豆と野菜とトルティーヤのごはんは、シンプルだけど飽きることはなかった。

コーヒー農家の人たちにとって、コーヒー栽培は何代にもわたって続く家業だ。山の斜面を歩きながら胸の前にぶら下げたカゴにコーヒーの実を収穫するのは、体力のいる仕事だ。村に滞在している間、農家の人たちがこの仕事を心からやりたいと思っているかどうかは、わからないと感じる時もあった。そして、私の語学力では、それを尋ねることもできなかった。

けれど、コーヒーの実について質問をした時に丁寧に教えてくれたり、もくもくと作業をこなしていく姿は、とてもかっこよかった。自分がしたいことをするとか、自分の幸せを求めて暮らすことがいちばんいい、というのが現代の経済的にゆたかな人たちの価値観になっているように思うけれど、そんな生き方が幸せの唯一のかたちではないのだと感じた。同時に、違った国を訪れて、そこに住む人の生活の場にお邪魔することは、とても特権的なことだと思った。

私たちが関わっている障がいを持った人たちは、最初のころはコミュニケーションを取ることもチャレンジだったと聞いた。でも、私が行ったころはプロジェクトの開始から二年たっていて、身振り手振りで会話ができるようになっていた。彼らは、コーヒーの栽培だけではなく、家の修理の方法を学んだりして、自分たちにもできることがたくさんあることに、気づいていっているという。

何ができるか、できないかなんていう生産性では人間の価値は決まらない。でも何もする機会がなかった彼らが、いろんなことをできるようになっていくプロセスを聞いて、素直にわくわくした。

プルマイダルゴの人々の間では、障がい者への差別があるというよりも、一緒に作業をしたり、何かをすることが可能だという理解がないだけ、という印象を受けた。家族の一員として自然に過ごしているようすも、私の心を温めた。

実際に訪れる前は、メキシコと聞くと、治安が悪いとか、水が飲めない、というイメージを持っていた。でもプルマイダルゴでは、井戸から引いている水が飲めるし、暗くなるまで近所の子どもたちが道端で遊んでいた。夜も、危険をまったく感じさせないのどかな場所だった。田舎がおだやかなことは、世界中どこでも変わらないのだなと思った。

村の人たちにとって、アジア人と出会うこと自体初めての人が多かっただろう。そして、さらに車いすに乗っている私は、最初は驚きの目を向けられた。だけど、歩いていたら「どこから来たの？」と声をかけてくれる人たちもいて、二週間滞在するうちに、打ち解け合える人もいた。もちろん、山の上にある村なので、村外と人の行き来も少なく、見知らぬ人への警戒心は強い。それでもコミュニケーションがある程度取れたのは、もともとプロジェクトを進めるためにニュージーランドから来ていた家族の努力のおかげだったと思う。

また訪問できる機会があるかはわからないけれど、思い出すと心が温かくなる、優しい時間を与えてくれたプルマイダルゴの人たち。彼らのことは、ずっとこれからも大好きだ。

ルーシー財団の活動は、今も続いている。農家の人たちが働ける土地も広げていこうとしているところだ。ただ、パンデミックのロックダウン中は、プルマイダルゴのコーヒー豆を扱うカフェもすべて休業していたため、活動の見通しが立たない時期もあった。だけど、その困難も乗り越え、コーヒーの栽培量も増えて、活動はさらに成長し続けている。

学生会への立候補

ニュージーランドの大学には、学生会（Student Association）がある。活動内容としては、大学が始まるオーウィークに開催されるパーティーをはじめ、年中何かしらイベントを企画しているので、多くの学生からは「イベント屋さん」として認識されている。だけど、メインの活動は、学生のために大学側と交渉したり、大学の運営委員に学生の代表として参加することだ。

私の通っていたオタゴ大学の学生会は、Otago University Students' Association（以下、OUSA）といった。OUSAは学生が予約制で使える部室棟を持っており、同じ建物にはサウナ室があったり、毎日三NZドルのランチが買えたりする。私は特にイベントに参加することもなかったので、サウナとランチを通して、なんとなく知っていた程度だった。ただ、一年生の時に授業中、学生会の選挙に出ているという人がやってきて、「自分が当選したらこんなことをします！」とスピーチをしていったのはなんとなくおぼえていた。

二年生の七月ごろ、ボランティア活動を通して会ったことがあった一学年先輩のフィンに、話があるから会えないかと声をかけられた。なんだろうと思って一緒にカフェに行ったら、「今度ある学生会の選挙に『党』を結成して、立候補しようと思っている。一一個ある役職すべてに候補を立てたいのだけど、留学生代表委員だけがうまっていない。私の党に参加して、そのポジションに立候補してほしい」という。

突然のことに、ポカンとしていたら、「君が留学生の代表だったらどんなことをしてみたい？」と聞かれ、「うーん、どんな留学生にもサポートがあって、置いてきぼりな気持ちにならないような環境作りをしたい」と答えたら、「それいいね！　やっていこうよ！」と言われて、少し乗り気になった。それでも、知らないことばかりなので、もう少し考えさせてほしいと伝えて、フィンとはそこで別れた。

数日後、ある大きなイベントで、ルーシー財団がブースを持つというので、お手伝いとして参加した。そのイベントにフィンも参加していて、私が休憩を取っていると、「それで、この前話したこと考えてみた？」と聞かれた。正直なところ、立候補のことはあまり考えることができていなかったけれど、いろんな未来の可能性について語るイベント会場で、わくわくする話をたくさん聞いていたところだったから、私も何かがしたい！　という思いが高まっていたのか、「うん、やってみる！」と返事をしてしまった。

学生会の選挙は気合が入っていて、選挙資金として一人に五〇ドル、またはグループに二〇〇ドル、学生会から支給される。選挙法のようなルールもあり、選挙活動の期間や方法、活動場所が決められている。違反した場合には罰則もある。冒頭にも書いた通り、一般の学生は、そんなこともまったく知らないことがほとんどだが、一度足を踏み入れたが最後、頭の中の八〇パーセント、そして毎日の八〇パーセントがOUSAで占められていく。

私たちのように、一一個の役職すべてに候補者を立てる党は、OUSA史上、初めてのことだったらしくて、良くも悪くも注目を集めた。選挙活動をしていいのは、投票日の二週間前から。私が立候補すると決めたのは、投票日の一カ月くらい前だったのだけれど、そこからほぼ毎日、数時間のミーティングが続いた。公約の内容について語り合い、ポスターのデザインを考え、スピーチをおたがいに練習し合い、チラシをひたすら作っていく。私たちの党は、学生たちのメンタルヘルス向上に取り組むことを公約の第一に掲げることに決めた。

私たちが立候補した時、大学では、予算削減のために多くの大学職員が解雇されていた。また、防犯カメラの数を増やすかどうかも議論されていた。それらに対して、一人一人がどんな意見を持っているか話し合い、公の場でどのように意見表明するかをつめていった。

私は最後に参加したこともあり、初めのころは、みんなの議論がちんぷんかんぷんで、ただただ聞いているばかりだった。現役のOUSA委員が二人いて、彼らの経験談は参考になった。

話し合いの中では、貢献できることが少ないことに、ちょっぴり負い目を感じていたので、実際の選挙活動で役に立とうと思った。車いすに乗ったアジア人の女子学生は、どこに行っても目立つので、ビラまきをたくさんしたり、いろんな授業に率先して出向いて、自分たちの党に一票を！　とPRして回った。

投票日の一週間前には、公開討論会があった。立候補者全員が壇上に上がり、司会者からの質問に答えていく。私たちは、グループのミーティングでもこの公開討論に向けて練習を重ねていたので、緊張することもなくスピーチできた。声をかけられなければ、立候補するなんて考えもしなかったけれど、一人で立候補するより、こういうチームの一員であるほうが、絶対に心強いなと感じた。連日、目が回るほどの忙しさだったけれど、わくわくすることもたくさんあった。

ちょうど同じころ、国政選挙の選挙活動も始まっていて、学食エリアなどで、オレンジの着ぐるみを着た選挙管理委員会の人が、投票のための有権者登録を学生に呼びかける姿をよく目にした。残念ながら、永住権を持っていない私に国政選挙の投票権はない。だけど、学生会の選挙を体験していることで、国のイベントにも参加しているような気分になった。

選挙活動中は、新鮮で楽しいこともあった半面、言葉にできない違和感もつのっていった。特にミーティング中は、私はそこにいないかのような勢いで、どんどん話が進んでいく。予備知識も少ないからしかたがないと、受け身の姿勢に徹していたけれど、私の質問はさらっと流されることもあったりして、真剣に向き合ってもらえていないと感じることがあった。外で活動している時は、私がいることで、「私たちの党は多様性があります」というイメージを見せることができる。でも当の私が、グループの中では居心地の悪さを感じているということは、党のイメージを傷つけてしまうような気がして、メンバーをがっかりさせたくないという思いもあって、自分の気持ちの奥底にふたをしてしまった。

選挙の最終日、立候補者の学生みんなで、学内の大きなスクリーンのある部屋に集まって、開票結果を聞いた。私たちの党は、私を含め一〇人中七人が当選した。この活動に全力投球していて、私にも声をかけてくれたフィンは会長に立候補していたのだけど、残念ながら落選してしまった。会長になったのは、ケイトリンという学生だった。選挙が終わってから、実際に私が参加することになる委員会は、立候補したグループとはメンバーが三人入れ代わるから、雰囲気も少し変わるかもしれない、という希望を感じた。でもその後もしばらく、心のふたを開けることはなかなかできずに、もどかしい日々が続くことになる。

多様性はむずかしい

留学生の代表委員に立候補した時、私には二つの思いがあった。一つは、初めてフィンに誘われた時に答えた、「学内で留学生が居場所を感じられる環境作りをしたい」ということ。もう一つは、「障がいを持った学生が、リーダーシップを取るようなポジションに就くのはめずらしいからこそ、やってみよう」という思いだった。

この二つは、むずかしい日々を乗り切るエネルギー源だったのと同時に、自分の中の違和感に向き合う時には、足かせにもなった。

委員としての任期は、その年の元日から始まる。もともと夏休み中(オタゴ大学は一一月下旬~二月中旬が夏休み)は日本に帰国する予定を立てていた私は、二月の頭に大学に戻ってから活動に参加した。

ダニーデンに着いた次の日から、学生会の合宿が始まった。大学の職員や、外部からのリーダーシップトレーナーを招いて、大学や委員会の仕組みについて改めて知り、各々の役割、自分の目標を定めてそれを達成するための計画作りに取り組むというプログラムだった。夜にはボードゲームをしたり、夜中まで語り合ったりして、大広間にマットレスを敷いてみんなで雑魚寝《ざこね》をした。みっちりと充実した時間を過ごした二日間だった。

同じ空間を共有し、おたがいについてもっと知っていく中で、これからの一年間、このメンバーと活動していくんだという実感がわいてきた。それぞれのまったく違った人生の話を聞けるのがおもしろかった。だけど、立候補してから選挙活動中に感じていた自分の意見を表現することのむずかしさ、そして、私を理解しようとする姿勢が、みんなからあまり感じられないということを、はっきりと意識することにもなった。

合宿で使った建物を最後に掃除する時などには、引け目も感じた。私は机や椅子を動かしたり、掃除機をかけたりという肉体労働はできない。まだ知り合ったばかりのメンバーの中で、「同じように」働けないという思いも強く感じていた。

そういう気持ちになった時は、「障がいを持ったアジア人の女の」私が学生会の委員として活動するのは、多様性を広めるためにいいことだから、ここにいるだけでいいんだって思うことにして、自分を納得させていた。学生会にとっても、私がメンバーの一員であることで、「多様性を尊重している」団体だと宣伝できる。だからおたがいにとっていいことなんだ、と思うようにしていた。

学生会本部の事務所がある建物には、エレベーターがなかった。事務所は二階にあったので、私は事務所のフロアにつながっている別棟のエレベーターを使って二階まで上がり、屋外の渡り廊下を通って、事務所に通った。

エレベーターに乗ってから事務所にたどり着くまで、重いガラスのドアを三回通り抜け、少し急な短いスロープを下る。ほぼ毎日事務所に行っていたから、自分一人の時も多く、雨が降っている時には電動車いすが滑ったりしないか、いつも心配だった。ほかの委員たちが私と一緒にその道を通った時は、「遠回りだね」と驚いていた。

アクセスの悪さは一目瞭然だったので、私が委員になってから早々に、学生会の建物の中にエレベーターを設置しようという計画が持ち上がった。だけど、エレベーターの建設は、時間もお金もかかるということで、見積もりが出たあと、できるのは早くて次の年ということになった。それでも、この建物がもっといろんな人にとってアクセスがよくなるのなら、とってもうれしいことだと思った。

結局、実際にエレベーターができたかというと、私の任期が終わるとエレベーターを必要とする人が緊急にはいなくなったため、しばらくほかの計画に埋もれてしまい、時間はかかったけれど、四年越しで設置された。

今思えば、「毎日の通勤のことが心に引っかかってるんだよね、ドアを開けたり、スロープを下るのが心配だから、事務所に行く時一緒に来てくれない？」とか、もっとまわりの人に声をかければよかったのだと思う。でも皮肉なことだけど、「多様性を象徴できるから、それだけで十分」と自分を納得させていたせいで、自分の環境を改善しようと働きかけることをしなかった。

何かを達成する前から、車いすに乗る私は多様性を象徴しているからと賞賛された。褒められることで私は、自分が感じていた困難にふたをしていった。でも、多様性を賞賛しているわりに、私の困難に向き合おうとしない人たちに対して、わだかまりを感じていたのも事実だ。

そして、環境改善の働きかけに積極的でなかった私は、多様性が尊重される社会作りと逆のことをしているのではないか、とうしろめたさを感じることもあった。

ある時、同期で学生会の福祉委員になったアビーが、ニュージーランドの若者発展省による表彰に私を推薦した。

これは、国中の一二歳から二四歳の人で、さまざまな社会活動をしている人たちに注目するために、毎年行われている。七つのカテゴリーに分かれていて、私は、「共生と多様性賞」を受賞した。障がいを持ちつつも、留学生という多様なグループを代表し、また、ルーシー財団などの活動に関わっていることも受賞の理由だった。

表彰式は首都のウェリントンで行われ、ほかの受賞者と交流する時間もあった。移民女性への暴力を止めるために活動を始めた一〇代の女の子や、一五歳でドローンを使ってビーチのプラスチックを回収する方法を発明した女の子など、刺激的な出会いがたくさんあった。

だけど、国から表彰されるというキラキラしたイベントの裏で、違和感とうしろめたさを、さらに奥深く封印していく自分がいた。まわりからの私のイメージと、自分に対して感じている気持ちが、どんどんはなれていくようだった。

この文章を書いている今は、そんなふうに頭の中でぐるぐる考え込まないで、もっとまわりに自分の思いを話せばよかったのに、と思う。相手に理解されないのではないかと感じていたけれど、伝えることに挑戦できるのは、私だけなのだから。

同時に、こういうふうに言葉にできるようになったのは、あれから月日がたって、ゆっくり振り返る時間があったからでもある。私のこの気持ちは、当時一緒に委員をしていた人たちは今も知らない。

あの時、この思いを伝えることができていたら、彼らと本当の意味の「多様性」について考えるチャンスを作れたかもしれないのに、と時々思う。

とはいえ、留学生代表だった一年間について、自分やまわりを責めることはしたくない。あの時の経験が、多様性を実現することのむずかしさ、自分の声を持ち、伝えることの大切さを教えてくれた。今はこうして言葉にできることで、前よりもまわりを巻き込むことが、少しずつできるようになってきていると思う。それにこの仕事のおかげで、そんな思いを共有できる仲間と出会うこともできた。留学生代表委員の前任者二人と友だちになることができて、私が感じたこの困難は、私だけのものではなかったということも知った。

いろんな人の力が発揮されるような環境は、一年間で作れるようなものではない。もう学生会の委員ではないからといって、本当の意味で多様な人たちが活躍できる社会を求めることは、終わらない。

私にとって、この葛藤は一生続いていくものなのだ。

4 仕事までの道

大学で世界旅行

オタゴ大学の学生会には一一のポジションがあり、それぞれ労働時間数が決まっていた。学生会長は週四〇時間、副会長、教育委員、福祉委員、会計は週二〇時間、留学生代表などその他の委員は週一〇時間。それに応じた報酬が出る。

仕事は大きく分けて、自分の役割に特化した仕事と、学生会委員としての総合的な仕事の二つがあった。前者は、留学生代表だったら、留学生のカリキュラムを決める大学の委員会に参加して、学生の声を届けたりする。後者は、学生会のキャンペーンなどを手伝うことだった。さらに、留学生代表の場合、いろんな文化部の学生たちとイベントを企画するという仕事があった。一人で企画するのはたいへんなので、留学生委員会というグループを立ち上げて、ともに計画して運営する仲間をつのった。

この仕事の中で、間違いなくいちばん楽しかったのは、いろんな文化圏から来た学生たちと出会えたことだった。

オタゴ大学には、約二〇の文化部がある。文化部というと、「詩の朗読」とか「お茶」

とかを思い浮かべるかもしれないけれど、こちらの大学の文化部は、各国から来た学生たちの居場所であり、また、ほかの学生たちと自国の文化を共有する活動もしている。ラテン、アフリカ、太平洋の島々、アジア各国、中東など、世界中から学生たちが来ていたので、その分だけ多様な文化部に出会うことができた。

新学期には、どの文化部も新入生の歓迎会をする。私も文化部の学生たちにあいさつするため、歓迎会にお邪魔しに行った。フィジー、トンガ、サモアといったメラネシアやポリネシアの文化部の歓迎会は、必ず手作りのごはんが出てきて、スピーチが行われるたび、歓声があがり、盛り上がった。陽気な島の人たちの温かさを感じた。アフリカの学生たちは、バーを借り切ってダンスパーティーを企画し、アジアの文化部は、広いスペースを借りて、ゲーム大会をするところが多かった。ふだんは、こんなにさまざまな文化を持った学生たちが同じ大学で学んでいることを忘れてしまう。

多くの文化部の学生たちは、「Home away home（遠い土地での故郷）」を合言葉にしていた。もちろん、同じ文化圏の出身だから、みんな仲良しになるというわけでもなく、故郷を知っているからこそ関係がむずかしいこともある。だけど、自分の文化圏からはなれた場所で、同じ文化を持つ学生同士が居場所を作っていることに感心したし、そこには私までほっとするような空間があった。

文化部の学生たちと一緒に企画した中でもっとも大きなイベントは、年に二回ある夜市だった。ほぼすべての文化部が、自国の料理の屋台を出すイベントで、毎回大にぎわいになる。

二カ月前くらいから下準備やミーティングが始まり、イベント四日前くらいから大学のキッチンを借りて、文化部の学生たちが料理を始める。私と、留学生委員会のメンバーたちもキッチンに同行して、学生たちが食品衛生のルールにしたがっているか、見守る。キッチンは、同時に五つの文化部しか使えず、各文化部は、合わせて一二時間くらいキッチンを使えることになっていた。

いざ始まると、ハプニングが絶えない。私が担当した年は、香港の学生たちがごはんを炊くのに失敗してしまったり、アフリカの学生たちがドーナッツを揚げていたら油がすごい勢いで飛び散ってしまったことがあった。そうなると、自分たちが確保した時間内に料理を終わらせるのがなかなかむずかしくて、その上、後片付けも長引く。「もう少し時間を延ばしていい？」と聞かれる状況に、私は困った。その部の時間を延ばしてしまうと、次の部の時間が短くなってしまう。両方の要求に同時に応えるのは、無理なことだった。

最初のうち、どちらの言い分も聞こうとした私の答えが曖昧だったため、事態が混乱した。見かねた留学生委員会のメンバーが、「ちゃんと、地に足をしっかりつけて、決断して！」と注意してくれた。私が基準を守って仕切らないと、自分の要求を主張する人ばかりが有利になってしまう。

その後も、正直いろんなドタバタは絶えなかった。でもなんとか、イベント開始時間には、二〇ほどの屋台が大学の広場にずらりと並んだ。ライブの音楽が流れる中、大勢の学生や一般の人たちが、各国の文化部の料理を楽しんでいるのを見た時の達成感は、ひとしおだった。

このほかにも、留学生委員会ではスポーツイベントや、文化部同士の交流のためのワイン&チーズパーティー、プチ文化祭などを企画した。ほかにも文化部独自でショーを開催したり、各国流に新年を祝うイベントをしたりと、イベントづくしの一年だった。

学生会の留学生代表という仕事の中で、いろんな文化の儀式や習慣についても、たくさん学ばせてもらった。よく記憶に残っているのは、ラマダンの時期にモスクにお邪魔したことだ。

ラマダンとは、イスラム暦の第九月のことで、この一カ月間、ムスリムの人たちは日の出から日没まで断食する。モスクに誘ってくれた学生たちと出会うまで、私はラマダンのことを知らなかった。彼女たちは、ラマダンに断食することで、日々の恵みに感謝するのと同時に、世界の貧富の差について考え、浮いた食費をチャリティなどに寄付するのだと教えてくれた。

ダニーデンのモスクは多国籍だ。ムスリムは中東というイメージもあるけれど、スリランカやマレーシアなどアジアの国の人たちにも多い。ダニーデンに住むさまざまな国から来た人たちが代わる代わるみんなのために料理をして、日没後にモスクに来る人みんなに、無償で食事を提供している。それぞれの国では、モスクや家で、家族と過ごすそうだ。だけど、こうして多様な国の人たちと一緒に過ごすのも、特別で楽しいことだと言っていた。

私がオタゴ大学にいた時は、ラマダンがテスト期間とだいたい重なっていた。根をつめて勉強しなければいけない時期に、断食をするのは、かなり消耗することだ。

私もモスクにお邪魔した日を含め三日間だけ、断食をしてみた。水も飲んではいけないのがつらかった。けれど、同時にたくさんの人と一緒に断食していると思うと、団結力みたいなものを感じて、だんだん楽になったように思う。そして、モスクで大勢の人たちと食事を共にしたあと、一緒にお祈りを捧げた。深いお辞儀を繰り返しながらお祈りを唱えるうちに、瞑想《めいそう》をしているみたいに気持ちがしずまっていった。

近年、ムスリムの人たちは、いろいろな偏見にさらされている。モスクで体験した温かい空間と、ムスリムの人たちの多様さを通して、そうした偏見がいかに間違ったものか、ひしひしと感じた。

地図で見ると世界の果てみたいな場所にあるこの大学で、こんなに多様な文化の国々から来た人たちと出会うなんて、想像していなかった。留学することの最大の魅力の一つは、世界中の留学生と出会えることだと思う。文化は違っても、同じ「留学生」という立場を共有しているから、すぐに仲間意識が生まれるのだ。何人もの留学生からそれぞれの国の話を聞きながら、世界中を旅しているような感覚になる時もあった。

学生会の留学生代表になって、むずかしさを多々感じた一年だったけれど、こうしてたくさんの留学生や世界の文化と関われることが、私のエネルギーの源だった。

ニュージーランドのコロナ禍生活

ニュージーランドの新型コロナウイルスに対する迅速な初動は、世界中から注目された。

ニュージーランドで初めての感染者が見つかったのは、二〇二〇年二月二八日だった。政府はその前からすでに対策案を考えていて、三週間後の三月二一日には、四段階の警戒対策を発表し、三月二六日から最大レベル4へ移行し、国全体がロックダウンとなった。その時点で、国内の感染者は一五五人だった。

ジャシンダ・アーダーン首相はロックダウンに入る前夜に、自宅からフェイスブックのライブ配信機能を使って、「感染の潜伏期間は平均二週間と言われています。ロックダウンになっても最初の二週間は感染者数が急増するでしょう。それでも気を落とすことなく、おたがいを守るために家にいてください」と語りかけた。そして、リアルタイムで投稿される人々からの質問に、丁寧に答えていた。

前代未聞のできごとを目の前に、国全体が不安に包まれていたけれど、首相が自宅から部屋着姿で、アットホームな語り口でメッセージを配信したことで、ホッとした人たちは多かったと思う。

私も例外ではなかった。動画を見たあと、みんなここからそれぞれの家で、おたがいを守るんだ、というような連帯感を持った。

この自粛期間は、日本では「おうち時間」と表現されていたのを目にしたけれど、ニュージーランドでは、「バブル」という表現が使われた。

同じ家に住む人たちは、みんな一つの「バブル」の中にいる。同居人以外の人と接触すると、その「バブル」が弾けてしまう、という考え方だ。障がいを持っていたり、高齢で介助が必要な人たちは、介助に来てくれる人とその家族も含めて、拡大バブルということになっていた。

おたがいから距離を置くという表現ではなく、自分たちのバブルを守るという考えは、子どもたちにも理解しやすいものだった。友だちと「そっちのバブルはどう―?」と電話で聞き合ったりして、使いやすい言葉でもあった。この考えは、電動車いすを使っているオタゴ大学のトリストラム・インガム教授が発案したそうだ。

私のバブルには、私のほかに、三人の同居人がいた。同居人のうちの一人のジャックは、障がいのタイプは違うけれど、小柄で身長は私と同じくらい。私は骨折した時、ジャックは手術後に、自宅療養していた時期があったから、ロックダウン中は「その時の感覚と似ているね」と話した。一人で養生している時は、体は動かないし、世の中から置いてきぼりにされたようでさびしい気持ちになったけれど、この時はニュージーランド中どころか、世界中の人が家にこもっていたわけで、連帯感さえおぼえてとても新鮮に感じたものだ。

バブルを守るために、買い物に行く回数は最低限に減らし、一世帯から一人を選んで、その人だけが買い物に行くようにと言われていた。同居人の一人のカイルがその役を務めてくれた。

ロックダウンが始まったのは、このメンバーで暮らしはじめてから、三カ月ほどたった時だった。それまではだいたい、自分用の食材を買って、別々に食事をしていた。でも買い物をシェアするようになってから、毎日代わる代わるごはんを作り合うことになり、みんなで一緒に食べる習慣ができた。同居人みんなのことを知っていたのは私だけで、私以外はおたがいまだよく知らない間柄だったから、食卓の時間をゆっくり過ごすことができたのは、とても貴重なことだった。

ジョーは、大学の学生会の活動を通して仲良くなった友だちだ。ロックダウンが始まってしばらくたったころ、ジョーか私が、食事中に流れていた音楽に合わせて体をゆらしはじめた。もう一人もつられてゆれはじめて、無意識で動いてしまうようすがおかしくて、二人で大笑いになった。それが三週間くらい、毎日飽きずに続いた。ジャックとカイルは笑みを浮かべながら、そんな私たちを見守っていた。

一カ月もたつとロックダウンの生活にも慣れてきて、変化のない日々が繰り返される中、昨日と今日の境目まで曖昧になるような感覚もあった。私は自宅からリモートで仕事をすることができていたから、日中は仕事をしてメリハリをつけることができた。ニュージーランドでも、長期ロックダウンの間にリモートワークはずいぶん進んだ。障がいを持つ人たちの中には、コロナ前からリモートワークを求めていた人もいたから、この時以降、障がいを持つ人の働き方についても、選択肢が広がったように思う。
仕事をしていない時は、暖炉《だんろ》の前でウクレレを弾いたり、イースターの時には、みんなで絵を描いたりして過ごした。週に何回かは、朝日が昇る時間に、ジョーと散歩にも出かけた。

身近な人たちが直面している現実や世界の状況に目を向けると、いろんなやるせなさや不安や悲しみにおそわれた。でも、その思いに飲まれてしまわないためにも、家族や友だちと毎日連絡を取り合うことが、支えだった。

ニュージーランドのロックダウンは、エッセンシャルワーカー以外の人は、買い物と緊急の場合でなければ、自宅から半径二キロメートル以上はなれてはいけない、という厳格なものだった。それにしたがわせる法的拘束力もあった。そんな厳しい対応が許容された背景には、迅速な所得補償が実行されたことがあった。

ニュージーランドで働く人たちはみんな、納税ナンバーを持っている。オンラインで自分のナンバーを入力すれば、その所得手当に申し込みができる。とてもシンプルなプロセスで、早ければ二日ほどで、もともとの収入の八割から一〇割が自分の口座に振り込まれた。

もちろん、仕事を失ったり、この先の見通しが立たなくなったという人も多く、福祉の現場では、より複雑で困難な状況に立たされた人が増えた。政府は早い段階から、障がいを持った人たちや、障がいを持つ人と関わる団体からアドバイスを受けていたのにもかかわらず、マスクや手袋などの防護用品は、すぐ品切れになった。さらに、バブルを守るためには大人数でシフトを組むことができないため、介助の現場では人手不足が深刻化した。介助者が来られなかったために、危機的な状況に追い込まれた人たちもいたと聞いた。

ロックダウンを可能にする法律を適用すると、警察権の濫用が起きるのではないかという懸念の声もあがった。警察による警備が強まると、マオリの人をはじめとするマイノリティがまずターゲットになるという指摘もあった。このパンデミックとそれに伴うロックダウンは、すでにあった差別や不平等性をより際立たせた。

六月上旬になって、政府は、パンデミックの影響で失業した人たちに対して、引き続き週四九〇NZドル（約四万四〇〇〇円）を支給すると発表した。これは、パンデミック以前の失業手当の倍額だったので、パンデミックの前後で格差が大きすぎるという議論が国全体に広がった。日本では十分な補償がないころだったので、失業手当の支給額が問題になるニュージーランドが、私は正直、うらやましく感じた。

福祉の現場に関わる仕事や、仲の良い友人たちと話す中で、ニュージーランドや、アーダーン首相が完璧ではないということはよく知っている。それでも、ニュージーランド政府は危機的状況から目を背けず、多くの人たちにとっていい方法を模索しているように見えた。さまざまな専門家からの意見を取り入れて判断し、この国に住む人たちの思いにも可能なかぎり寄り添おうとする姿勢があった。ロックダウンは七週間ほどで終わり、八月中旬まで一〇〇日以上、ニュージーランド国内の新型コロナウイルス感染者はゼロを維持した（帰国して感染が見つかった人たちをのぞく）。二回目のロックダウンは、感染者が四人出た時点で実行された。

その後もロックダウンの解除と再開が繰り返された。二〇二一年までは、大きなイベントなどはほぼすべてキャンセルになった。政府の素早い対応と冷静な発信のおかげで、感染した人を責めるのではなく、人々が協力して感染者数の推移をなるべく平坦に保とうという意識が、国全体で長い間共有されていた。

二〇二二年に入ると、ロックダウンを繰り返すのは現実的ではないという方向へ政策が転換された。それまでも、公共の場に出入りするにはワクチン接種証明書を携帯することが義務化され、ワクチン接種をしなければ職場に居続けられないという業種も増えていった。そうした流れに対して抗議の声もあがった。

コロナの経験は本当に人それぞれだ。規制緩和が進む中で、後遺症が残った人たちや、基礎疾患のある人など、感染症の影響を受けやすい人々の困難が、見えにくくなってしまった。ニュージーランドが厳しいロックダウンに踏み切った背景には、国内の医療資源に限界があるからでもあった。パンデミックや災害の時、影響を受けるのはいつだって、社会的に弱いとされる立場に置かれている人たちだ。ロックダウンしていたころの、「おたがいを守ろう」という連帯意識が国全体で続かなかったのは、とても残念に思っている。

地元から始まる未来のこと

ここ数年の私のルーティンは、毎週欠かさずファーマーズマーケットに行くこと。ニュージーランドは、たいていどんな街も、土曜日か日曜日のどちらかに、地元の農家さんや、お惣菜屋さんやお菓子屋さん、そして、場所によっては手作りアクセサリー屋さんによるマーケットがある。

私の住むダニーデンは、土曜日の朝八時から一二時半の間にファーマーズマーケットが開催される。場所は、建設されてから一一四年にもなる、趣のある煉瓦造りの駅の隣の駐車場スペースだ。

並ぶお店は、だいたい決まっていて、八百屋さんが六軒ほど、パン屋さんが二軒、コーヒー屋さんが二軒、お肉屋さんが二軒、お魚屋さんが一軒、卵屋さんが一軒、お花屋さんが一軒、お菓子屋さんが二軒、それに加えて、クレープや、レバノンのお惣菜、窯焼きのピザ屋さんとお豆腐屋さんまである。八百屋さんは減農薬かオーガニックの農家さんだ。お菓子屋さんやお惣菜屋さんも、ヴィーガン向けやグルテンフリーなど、どんな人も楽しめるように工夫されている。いつも二組くらいのアーティストが思い思いの音楽を演奏して、マーケットを活気づけている。

私の毎週の行動パターンは決まっている。ニュージーランドはすっかりカード文化で、普段は現金を持ち歩くことのほうがめずらしいのだけれど、マーケットでは多くのお店が現金しか受け付けていない。だから、マーケットに入ったらカードを使える機械のある八百屋さんで、野菜を買って、カードから現金に換金してもらう。それからお豆腐屋さんに行って、その前の週に渡しておいた容器でお豆腐を受け取り、次の週の分の容器を渡す。

マーケットに通いはじめたころは、あまり長持ちしないプラスチック容器に入った豆腐を毎回買っては、このプラスチックがどうにかならないものかと思っていた。そして、マイバッグを持ち歩くように、容れ物を持っていけばいいのだと気づいて、お豆腐屋さんに相談したら、容器を渡す時に前払いしてくれればいいと言ってくれた。

私がそれを始めて少したったころ、ほかの人も自分の容れ物を持ってくるようになったのを見かけた。だれかが始めたら、自分もできるんだと気づいて、試してみる人がいてくれたことがうれしかった。

ある金曜日の夜、メッセンジャーに知らない人からメッセージが来ていたからだれかと思ったら、お豆腐屋さんの息子さんだった。「明日は、マーケットに行くことができないから、君の豆腐を持っていけない。ごめんね」と書いてあった。ちゃんと自己紹介をした覚えはなかったけれど、小さな街に住んでいるアジア人なんて限られているので、私のことをフェイスブックで見つけてくれたようだった。それ以来、お豆腐屋さんの一家とは、友だちのような気分だ。


お豆腐屋さんの次は、ほかの八百屋さんを回って、お惣菜を買ったり、いつも一緒に行く人以外の友だちと行く時は、贅沢をしてクレープを食べたりする。

この習慣が始まったのは、大学三年生のころ、友だちと通うようになってからだった。それまでも、マーケットには時々訪れていたけれど、毎週ではなかった。

その友だち、ベルは大学一年のころに寮で一緒だった。寮を出てからは、しばらく会っていなかったのだけど、ある日偶然に道で再会して、次のマーケットに行こうという話になった。

初めて一緒にマーケットに行った時、彼女は私の首の動きに合わせて、車いすの方向を変えてくれた。人の間をぬって進まなければいけないほど混み合うマーケットでは、移動しながらどのお店を見たいか、車いすを押してくれる人に声をかけるのはむずかしい。言葉にしなくても、私の首の動きで私が行きたい先を読みとってくれる彼女の察知能力は新鮮で、うれしく思った。

このころはちょうど留学生代表をしていた時期で、毎週忙しかったので、週に一回必ず彼女とマーケットに行くことは、私の心の栄養源だった。

車いすに乗っていると、話しかけてくる人はだいたい、私か、車いすを押してくれている友だちか、どちらか一方としか話さない。私を知らない人たちは、友だちに話しかけることのほうが多い。だけど、マーケットでは私のことを見知っている人が多いから、私としか話さない人もいる。

マーケットに通いはじめたころ、果物屋の男性に、ベルは私のお世話係なのか、と聞かれたことがあった。障がいを持っている人も、対等な人間関係を築くことができるのに、それを知らない人が多い。彼の言葉から、障がいを持っていると対等な人間関係を築けないという偏見を感じた。そういう発言をする人がいるのは、障がいを持った人たちに関わったことがない人が多いからだと思う。果物屋の男性は、毎週通ううちに、私たちが友だちだということを理解してくれたと思いたい。

人参を買う八百屋さんは、おまけに大根をくれたり、果物屋さんは、値引きしてくれたりする。マーケットの入り口には、その日に販売されている食材を使ったおかずやおやつを試食できるところがあって、そのレシピをもらうこともできる。

ニュージーランドでは、スーパーのレジなどでも、「元気？」とか小さな会話を交わすことがある。マーケットでももっぱら、「今日は寒いね」などと、世間話をする。ダニーデンは寒くて天気が不安定なのが常なので、少しでも暖かくて天気のいい日は、天気の話で持ちきりだ。他愛のないことだけれど、行き交う人とそんな何気ない会話ができることに、心が和む。

ファーマーズマーケットは高くない？　と聞かれることがある。私はヴィーガンで、野菜と豆腐とお米だけの食生活だ。日々の食料は、ファーマーズマーケットで買ったものでほぼ足りる。マーケットでは、毎週二〇～三〇NZドルくらい使うけれど、それで、地元の農家さんが育てたものを食べられるのは、とてもお得だと思う。

地元の野菜で料理をすることは、スーパーマーケットで買ったインスタントに作れるもので食事を準備するよりも、時間がかかる。でも、インスタントに食べられるものの製造工程を考えると、そこには、たくさんの人たちの労力と、資源が使われているのがわかってくる。

一方、地元の農家さんから野菜を買う場合、野菜を育てる労力はあるにしても、使われる資源の総量は圧倒的に少ない。インスタントに調理できるものは、「簡単」なイメージがあるけれど、その商品ができるまでのプロセスを考えると、まったく「簡単」ではない。大きな視点で見たら、ゆっくりと手間をかけることのほうが、環境へのダメージも少なくて、ずっと「簡単」かもしれない、とも思う。それに、私はマーケットに毎週行ったり、丁寧に料理をする時間が好きだ。

食べることは、生きることと直結している。でも現代の私たちの生活は、野菜や穀物などの種がまかれ、育つという過程から、遠くはなれすぎた気がする。

新型コロナウイルス感染症のパンデミック中、ロックダウンしていた間、家の中だけで生きていけることは、とても便利だけれど、不自然でもあるなと感じた。そして、他国に食料生産の多くを頼っていることの危うさについても、考えた。

コロンビア出身の友人は、こう言っていた。「『先進国』と言われる国々の人たちが、地産地消がいいといって他国の食料を買わなくなったとする。すると『先進国』によって大量生産型の農業へ転換を強いられてきた農家たちは収益が減って、結局しわ寄せを受ける。環境保護など倫理的な理由で地産地消を選択できる人たちは、それだけで特権的な立場にある。彼らが買わないことを選んだとしても、生産者の生活はよくはならない」と。

まったくその通りだ。だからファーマーズマーケットに通いながら、そういう立場の農家さんたちのことを思う。そして、今のままとは違うあり方があるはずだと考える。大企業に巻き込まれずに農業を続けている人たちが世界中にいる。種《たね》を守る活動で有名なインドのヴァンダナ・シヴァ博士はこう言っている。「みなさんが自分が食べるものを選ぶことは、民主主義を行使することそのもの。つまり、みなさんは、消費者という立場から、世界の、未来の形を作っているのです」。彼女たちの活動は、これからの未来を作るための、とても大切な指針になると思う。

からだを受け容れる

高校二年生の一学期、英語の授業の休み時間に、同級生が私の机までやってきた。「休暇どうだった？」とかあたりさわりのない会話のあとに、「ウミはセックスしたことある？」といきなり聞かれた。あまりに直球な不意打ちに面食らいつつ首をふると、続けて彼女は「この教室の中でまだしたことないの、あなたと、あっちのステファニーくらいよ」と言いはなった。動揺しながらも、おそるおそる、「アリーナはいつ経験したの？」と聞いてみた。すると彼女は、「休暇中のパーティーで会った人とビーチで」と言うではないか。衝撃で、その後は返す言葉が出てこなかった。

高校生くらいまでの時期は、早くセックスの経験があるほうが価値がある、みたいな考え方に影響されがちだ。私も高校生の時は、自分の障がいを持った体では、魅力がないと思われるのではないかと、あせることがあった。この同級生の言葉には、まだセックスしたことがない子、というだけではなくて、障がいを持っている私への偏見が明らかに含まれていた。自分が秘かに気にしていたことを教室の中で堂々と指摘されたようで、それ以来なおのこと、経験のあるなしを気にするようになった。

性についての考えが少しずつ変わっていったのは、大学に入ってからだった。同じく大学二年の初めごろ、友だちと性のことや恋愛について、夜遅くまで語り合ったことがあった。そこにいた友だちの多くは、性の経験をそんなに重視していなかった。中には、宗教的な理由で、将来を誓い合う人としか、セックスはしないという友だちもいた。

それまで私のまわりでは、貞操を守るといった考えは、個人の選択の自由を奪うものだという意見が多かったし、婚前のセックスを禁止するのは古い考えだと思っていたから、彼女の意見はとても新鮮に聞こえた。「自分の体はとても神聖なものだから、大切にするためにこのルールがあるの」とも、彼女は話してくれた。

この日の会話は、私を自由にしてくれた。「早くから経験があることがすべて」という考え方から、もっと早く解放されていたら、どんなに楽だったかと正直思った。

ただ、自分の体を大切にするという考え方はポジティブにとらえることができるけれど、女性の貞操を重んじる慣習は、同時に、女性に対するさまざまな抑圧にもなっている。女性というだけで、社会的に弱い立場に置かれたり、教育へのアクセスなど深刻な制限がある現実に対して、立ち向かっている女性たちがいることも、忘れないでいたい。

寮を出て、大学二年生になったばかりのことだったと思う。大学の構内で、性暴力を止めるための活動をしている学生グループが、スピーチしているところに出くわした。

ニュージーランドでは、セックスの時、いったん合意があったとしても、やめてと言ってやめなかった場合はレイプに定義される。それがパートナー間であっても、それはレイプと見なされる。高校の保健の授業でも、セックスの場での「合意」について話す時間があって、一度「イエス」と言ったとしても、いつでも「ノー」に変えていいということ、自分の心が心地よい選択をするために、おたがいにとって何が心地いいか、しっかり話し合う中で決めていいということを習った。

大学でスピーチしていたグループの話では、ニュージーランドの大学では、およそ四人に一人以上の学生が何らかの性暴力被害にあっているという。そんなに被害が多いのに、誰かに打ち明けることもハードルが高いため、実態を把握するのはとてもむずかしいともスピーチしていた。続けて、性暴力は個人の問題ではないこと、社会のあり方が被害や被害の隠蔽《いんぺい》を許していると訴えていて、もっともだと思った。その後、そのグループの中心メンバーとして活動していた人と共通の友だちを通して出会い、仲良くなって、性暴力を訴えることのむずかしさをより身近に知ることになった。

私が、自分の体と性についてのネガティブな考えから、自由になったもう一つの大きな理由に、クィアな友だちとの出会いがある。クィアとは、LGBTQ+コミュニティに属する人たちが、自分たちのことを呼ぶために使う言葉の一つだ。「奇妙な」という意味があるので、侮辱的な言葉として使われていたのだが、当事者たちが「それで何が悪い」と、その言葉を自分たちのものにしてきたという歴史がある。ニュージーランドでは、コミュニティをあらわすときは、「レインボーコミュニティ」と呼ばれることもよくあるけれど、クィアも、当事者が自らのアイデンティティを語る言葉として使われる。

私は、自分も障がいを持つマイノリティに属しているからだと思うけれど、クィアな人たちと仲良くなることが多い。ニュージーランドは、世界でも同性婚を真っ先に認めた国で、国際的に見て偏見は少ないほうだけれど、いまだに、伝統的な考えを持つ人もいて、差別も残っている。でも、私より若い世代と話すと、私よりもっと、自分たちの性的指向についてオープンなので、感心する。

クィアな友だちが、一般的な異性愛の恋愛ストーリーではない恋愛を繰り広げるようすを近くで見て、「恋愛はこうでなければいけない」という私の中の思い込みが、だんだんうすれていった。そして、クィアの人は、友だちを「選んだ家族」と言ったりする。私にとっても、日本をはなれて出会った友だちは、私の「選んだ家族」だ。時にはぶつかることもあるけれど、大好きだと心から思える人々に囲まれて、満たされている。

子どものころは「普通」にあこがれ、「普通」になれるようがんばっていた。一〇代のころは、性的対象に見られたい、と背伸びをしたこともあった。そして今は、がんばらなくても背伸びをしなくても、私のままでいいと感じられるようになってきている。

就職活動

大学三年生の時、「コミュニティとオーガニゼーションについて」という授業を受講していた。ある日の講義で、「ストッピング・バイオレンス・ダニーデン（SVD）」という団体の代表をしているシナモンさんが、ゲスト講師として登壇した。SVDの目的は、団体名の通り、暴力を止めること。暴力の連鎖を断ち切るため、主にサイコドラマという方法を使って、家庭内暴力を振るってしまった側や、暴力を受けた人たちのグループセラピーをしている。授業の前に彼女が書いた論文を読んでいたので、お会いする前から、ガッツのあるかっこいい人だなと思っていた。実際にお会いして、一瞬で彼女の誠実で温かい雰囲気に引き込まれた。

彼女は「人をサポートする仕事をする時は、自分をサポートしてくれる人も作らなくてはいけない。そうして、コミュニティとしてサポートし合えるネットワークを作っていくのが大切だ」と話しはじめた。そして、私たち学生も加わって、ロールプレイでサイコドラマを実践してくれた。

サイコドラマでは、過去に起こった実際のできごとを、関わった人全員の視点で再演する。主役の人は、自分が感じていた本心を語ることが重要だ。そうすることで、記憶の中のわだかまりに、違う現実を与えることを試みる。授業で行ったロールプレイはとてもパワフルで、学生たちの感情や考えをするすると引き出すシナモンさんのスキルに魅了された。そして、いつかこんな仕事をしてみたいと思った。授業のあと、シナモンさんへ直接お礼を伝えに行った。一対一で話をしたことで、彼女をより身近に感じた。

それから一年くらいたったころ、就職のことを考えなくてはいけない時期がやってきた。卒業は、半年後くらいに迫っていた。

ニュージーランドの就職活動は、日本のように一斉に始まることはない。求人が出る時期もいろいろだ。学生は各自で求人サイトなどを通して、希望する会社や団体に履歴書を送る。審査は面接だけだったり、筆記試験があるところもあったりする。もう一つ日本との大きな違いは、新卒向けの仕事というのは限られていること。経験がある人が好まれるのだ。

特にソーシャルワーカーは、経験が重視される専門職なので、募集条件に「二年以上の経験があること」と書いてあったりすると、履歴書を送ってもほぼ望みがない。

また、ソーシャルワークの仕事では、自分で車を運転して、クライアントの家を訪問することがよくある。当時、仮免許は持っていたけれど、車いすの私は一人で運転するのはむずかしいから、家庭訪問ができないとなると、仕事が限られるのがわかっていた。それでも、「若い人たちと関わる仕事がしたい」という大学に入る前からの思いは変わらず、SEEKというニュージーランドの大手求人サイトを見ては、私の状況で応募できる仕事が少ないことに、あせりを感じていた。

ニュージーランドは人口が少ない国なので、人とのつながりがあると就職に有利だと聞いていた。ある時、シナモンさんのような仕事をしたいと感じたことを思い出して、シナモンさんに直接、SVDのような仕事ができる職場をどのように探せばよいか、聞きに行ってみようと思った。連絡先は知らなかったけれど、LinkedInという仕事のネットワークを広げるためのSNSで、彼女のプロフィールを見つけることができた。早速、一年前の授業で会ったことを伝えて、「今仕事を探しはじめていて、お話を聞きたい」とメッセージを送った。そしたらすぐに、「会いに来ていいよ」と返事をくれた。

彼女のオフィスは、当時私が住んでいた家や大学とは反対側の街はずれにあった。バスに乗って、最寄りの停留所からさらに少し歩いていく必要があったので、電動車いすで一人で行くのは不安で、いつもファーマーズマーケットに一緒に行くベルが来てくれることになった。ダニーデンのバスは車内放送も電光掲示板もない。だから、新しいところを訪れる時は、スマートフォンの地図で自分の位置情報を確認しながら、どこで降りるかを判断しなくてはいけない。面会時刻は朝九時半で、ドキドキしながら初めての場所に向かった。

降り立ったのは、大きめの建物が立ち並ぶ工場地帯で、こんなところにオフィスがあるのかとハラハラしながら進んでいくと、それらしきビルが見つかった。ガラス越しにオフィスの中が見えて、シナモンさんが私たちに気づいてくれた。そして、手を振って建物内に招き入れてくれた。

いざ、彼女と向かい合うと、緊張がこみ上げてきた。だけど、気を取り直して、シナモンさんの仕事に興味があって、彼女の団体と似たような団体が、ニュージーランドのほかの地域にもあるかどうか、そして、この団体にはほかにどんな人が働いているのか、質問した。私がシナモンさんの団体に関わりたいと思っているのは彼女にとって一目瞭然だったようで、ボランティアをしてみないかと提案してくれた。そして、その場でボランティアをするための書類にサインをした。

帰り際、「授業で会った時から、あなたとはもっと関わる気がすると思っていたのよね」とシナモンさんは言った。その言葉を聞いた時、心臓がジャンプしそうなくらい、うれしく思った。

ボランティアの内容は、中学生と高校生が対象の放課後のグループに、補佐役として週に一回参加することだった。絵を描いたり、ゲームをしたり、生徒とそれぞれの経験を語り合ったりして、とても楽しかった。

三カ月くらいたってから、今度は男性たちのグループに参加させてもらうことになった。そこでは、シナモンさんがファシリテーターを担当していた。

もう一二月で卒業式が迫っていたけれど、就職先は決まっていなかった。このまま、SVDに留まりたいと思いつつ、もし、仕事をもらえたとしても、勤務時間は週に六時間ほどで、生活を支えるほどの収入にはならないことも、わかっていた。

今のニュージーランドの制度では、短大以上の学校を卒業したら、就学後三年間のワークビザをもらえる。でも、その三年の間に、引き続きビザの申請を支援してくれる職場に就職しないと、ワークビザを延長できない。もちろん、永住権も申請できない。私は永住権をめざしていたので、時給二五・五〇NZドル以上で、フルタイムの仕事に就かなければいけない計算だった。だから、SVDでボランティアをしながら、求人サイトを使って三カ所に応募してみた。一つは審査に通らなかったと返事が来て、一つは少しやり取りをしたあと返信が途絶え、もう一つは何も連絡がなかった。

仕事を探していると話していたら、ロビーさん（ビザを申請する時に相談に乗ってくれた）から、主に知的障がいを持った人たちと共同研究をしている研究所が、アシスタントを探しているから応募してみてはどうか、と提案をもらった。

じつは、私は長いこと、障がいに関わる仕事をするのは避けたいと思っていた。障がいを持っていると仕事に就けず、障がい分野にしか進めない、と思われるのがずっと嫌だったからだ。でも、大学三年生の時に変化があった。知的障がいを持つ人たちのサポート団体で研修を受けたことがきっかけだった。その団体は、知的障がいを持つ人たちが、地域でつながりを築くのを手伝っていた。その研修で、私は、ほかの障がいを持つ人たちといい関係を作れることの楽しさに気づいた。それ以来、障がい分野で働くことへの抵抗感がなくなっていった。

知り合いから紹介された研究所の代表を務めるブリジットさんのことは、大学三年生の研修期間に、見かけたことがあった。遠目からだったけれど、存在感のある人という印象を受けたので、おぼえていた。

この研究アシスタントの仕事も、週二〇時間で、永住権が申請できる条件は満たしていなかった。でも、日本も最近は同じみたいだけれど、ニュージーランドは終身雇用という考え方は少なく、短期間で転職する人が多い。ニュージーランドは小さな国だし、人とのつながりで仕事が決まることも多く、とにかく、働きはじめたら次の道が開けるだろうという期待もあった。もちろん、自分の経験を仕事に有効に使えるかもしれないという思いもあった。そして、ブリジットさんの研究所に履歴書を送ることを決めた。

数日後、研究所からメールで返事が来て、面接を受けることになった。面接の日の朝、少し早めに家を出た。すっきりと晴れた日で、駅前で、ぼーっと空を眺めた。面接の結果はどうであれ、今日から新しい日々が始まるかもしれないと思ったら、わくわくした。同時に、見慣れた和やかな景色を見て、落ち着いた気持ちで面接に向かった。

面接は、ブリジットさんをはじめ研究所のスタッフ三名が対応してくれた。受け答えも思うようにできて、満足のいく面接だった。

ニュージーランドでは、自分の履歴書に、推薦人の連絡先を書くことが主流だ。連絡先を直接書かない場合でも、「推薦人へ連絡可能です」と書くことが大切だ。私は、学生会で働いていたころの同僚や上司に推薦人をお願いしていた。面接から一週間ほどたったころ、推薦人の一人から、研究所から電話があったという連絡が来た。まだ結果はわからず、不安もあったけれど、その電話はきっといい知らせだろうと思った。

その数日後、ブリジットさんから研究アシスタントとしてのポジションに合格したとメールが届いた。面接の時点で、私の勤務時間は週二〇時間だから、シナモンさんのＳＶＤでの活動も続けていい、と言われていた。面接から三週間後には、二つの団体で働く生活が始まった。

私は、障がいを持っているという点で、就活のプロセスでは不利になることが多いだろうと感じていた。だから、大学に入ったころから、いろんなボランティアに積極的に参加したり、人とのつながりを築いてきた。今の仕事は、そうして関係性を作ってきた延長線上にあるとも思う。

知らない環境に飛び込むのは勇気がいることだけど、どこでも、温かく迎え入れてくれる人たちに出会ってきた。これから先、海外で仕事を探す人たちには、自分の直感を信じて、関係性を築くことが大切だと伝えたい。

5 アオテアロア・ニュージーランド

ニュージーランドの総選挙2020

二〇二〇年の元日の空は、不気味な雰囲気を醸し出していた。オーストラリアの山火事からの灰が私の住む街まで飛んできて、一日中空が黄色かったのだ。すっきりしない一年の始まりだなと思っていたら、一月の終わりから、新型コロナウイルスがどんどん広がっていった。そんな中、台湾やギニアをはじめ、ニュージーランドとアメリカでも国政選挙が行われた。アメリカの選挙は世界中で大きく取り上げられたけれど、ほかの国の選挙について、知る機会は少ないと思う。日本では、家族や同級生と政治の話をするなんてことは、めずらしいと思う。ところが、私の両親はともに政治に対して関心が高く、市長選挙をはじめ、東京都知事選や、国政選挙でも、応援する立候補者の選挙運動に積極的に関わっていた。

どんな人の生活も、政治と深くつながっている。障がいを持って生きていると、特にそう感じる。なぜかというと、国や自治体の福祉政策のあり方が、暮らしにダイレクトに影響するからだ。そんなわけで、私はニュージーランドに来ても、興味津々で選挙をウォッチしていた。

衝撃だったのは、高校の授業の休憩時間に、いつもはパーティーの話ばかりしている同級生たちが、「投票できたらだれに投票する?」「私は緑の党に入れるなー」などと、話していたことだった。政治の話をするのにためらいがないだけではなく、自分の意見を持ってたがいに伝え合っている様子に、刺激を受けた。日本も二〇一六年に投票できる年齢が一八歳に引き下げられたけれど、ニュージーランドで投票年齢が一八歳になったのは一九七四年だ。近年は、一六歳への引き下げが議論されている。

ニュージーランドの選挙は、日本と違って選挙カーもないし、街頭演説も滅多に見かけない。選挙カーの音がないので、とても静かな選挙期間で、テレビをあまり見ない私は、選挙期間だということも忘れてしまいそうだった。ポスターや看板は目にするけれど、いちばん活発だったのは、地域ごとに開かれる政党討論会や、テレビのニュース番組が企画する党首たちによる公開討論会だった。

地域によっては、テーマごとに討論会を開いていた。オークランドでは、「障がい者と福祉について」というテーマの公開討論会が開かれ、その選挙区から出馬している立候補者が全員出席していた。二〇二〇年は新型コロナウイルスの影響もあり、地域討論をオンラインで聞くこともできた。候補者同士の討論は、一人一人のスピーチを別々に聞くよりも、人柄や各候補者の違いがはっきりわかって、とてもいいなと思った。

この年の選挙の投票率は、なんと八二・二四パーセント。新型コロナへの対応が評価され、ジャシンダ・アーダーン首相率いる労働党の圧勝だった。

日本の国会は衆参両院の二院制だけれど、ニュージーランドは一院制である。選挙制度は日本と似ており、国政選挙の時は、一人二票持っている。一票目は自分の選挙区の立候補者を選び、二票目は政党を選ぶ。この時は、それまで国民党が強かった地域でも労働党が勝つケースが増え、全一二〇議席のうち労働党が六五議席を獲得した。

前回、二〇一七年の選挙では、労働党だけでは過半数に満たなかった。なので、緑の党とニュージーランドファースト党が、国民党と労働党のどちらに合流するかによって、与党が決まることになった。私がいいなと思っている緑の党は、国際的な環境を考えるリベラルな政党だから、労働党と連立するだろうと最初からわかっていたけれど、ニュージーランドファースト党は保守的でナショナリズムを標榜する政党だ。投開票日に、友だちの家のテレビの前で、ニュージーランドファースト党が労働党と国民党のどちらと組むのか、発表をドキドキしながら見ていたのをおぼえている。数議席しか取っていないニュージーランドファースト党の判断によって、これから三年間の政権が決まるという仕組みも、不思議に思えた。結局、ニュージーランドファースト党は労働党との連立を表明して、左右幅広い連立与党が生まれた。

さて、この二〇二〇年は、労働党圧勝の背景に、国民党の支持層が労働党に投票したことがあったと先ほど書いた。一般的に国民党は、保守的な党として知られている。だから、そうした保守寄りの有権者の意思をくんで、労働党がリベラルな緑の党と手を結ばないのではないかという見方があった。私は、緑の党が与党連合に入らなかったら、環境破壊や貧困問題に政府が真剣に取り組まなくなるのではと、心配した。

結局、緑の党は労働党と連合はせず、「協力同意」を結んだ。緑の党共同代表のジェームス・ショウ議員が、引き続き閣外大臣の気候変動問題担当大臣に、同じく共同代表のマラマ・デイビッドソン議員が家庭内および性暴力防止大臣に任命された。

労働党の圧勝は、ジャシンダ・アーダーン首相の人気によるところが大きかったと言われている。ジャシンダ（ニュージーランド国内ではファーストネームで呼ばれることも多い）は内閣経験をへずに、三七歳で最年少の首相になった。その半年後に産休を取って出産するなど、就任当初から注目を浴びた。子どもの父親であるパートナーとは出産時には結婚しておらず、産後はパートナーがメインで子育てをすると公言したことも、世界的な話題になった。

二〇一九年にはクライストチャーチのモスクが襲撃されるテロがあり、ジャシンダ首相は「大勢の命を奪った男の名前ではなく、命を失った大勢の人たちの名前を語ってください」「テロの犯人の名前は口にしない」と国会で演説した。こうした人間的な対応も、高く評価された。だけど同時に、彼女の対応がメディアの話題をさらってしまったので、事件の悲惨さが十分に報道されなかったという事実もある。テロの根幹にある人種差別の現実は、今も変わっていない。私も最初は、ジャシンダ首相の対応に感心するばかりだったのだけれど、友だちと話したり、人種差別について発信している人の投稿を読んで、個人のリーダーに注目するのではなく、構造を見ることの大切さを思い出した。

そして、どんどん値上がりする住宅や賃料に向き合うと言いながら、複数の不動産を所有する人たちへ課税を強化する法案を結局通さなかったり、イフマタオの開発に対して、はっきりとした態度を取らないことなど、批判の声もあがっている（イフマタオについては2章「大地とのつながり」を参照）。

首相という立場に就くと、どんな問題に対しても立場を明快にするのはむずかしいことは、よくわかる。彼女が首相になったからといって、女性が直面する社会的困難が消えてなくなるわけではない。でも、女性も国のリーダーになれると示してくれたことは、多くの女性にとっても何らかの希望を与えたように思う。

それに、今までは、男性中心社会で評価されるような人が多かったけれど、ジャシンダ首相は、そうではないように感じる。優しさや共感能力で国を引っ張っていけることを見せてくれているようで、私はそれがうれしい。

ジャシンダ首相からは、未来へのコミットメントも伝わってくる。選挙期間中の公開討論でも、気候変動対策について必ず発言したり、これからの若者支援についてもアイディアを語っていた。

二〇一九年には、義務教育の歴史のカリキュラムに、マオリの歴史を含める決断をした。それまで、マオリの歴史が義務教育で教えられていなかったことも驚きだけれど、先住民の歴史と文化を学校で学び、権利を保障していくことは、とても重要だ。公平でだれもが生きやすい未来を作る、そういう姿勢を示すジャシンダ首相とニュージーランド政府に、希望を感じる。


さて国会は、あたりまえだけど首相だけで構成されるものではない。今回の選挙では、多様なバックグラウンドを持つ人が多く当選したことも、国内はもちろん世界的にも注目を集めた。国会にいろんな人がいれば、いろんな経験や立場にもとづく意見が、国会でも語られるようになる。現実世界はいろんな人がいるのに、国会となるとなぜか、似たような人しかいないのが、今までの多くの政治の現場の現実だった。

女性の比率は五〇パーセント。さらに、少数ながら、マオリやパシフィックの島にルーツを持つ人、アジア系や中東系の人など、いろんな人の顔がそろった。ニュージーランドの国会は、現実社会を反映するような人たちで成り立ってきているように見えて、希望がわいた。

さらに、ニュージーランド最大の都市であるオークランド中心部の選挙区で、いつもなら二大政党（労働党と国民党）のどちらかの候補が勝つところ、前の選挙で最年少で当選した緑の党のクロエ・スウォーブリック議員が当選したことは、大きなニュースになった。開票速報の生番組では、二大政党を差し置くようにして緑の党が長い時間取り上げられていた。クロエ議員の当確が出た時は、特に若い人たちを中心に大盛り上がりの様子がテレビでも、SNSでも流れていた。

もう一つ私が注目したのは、外務大臣にナナイア・マフタ議員が任命されたこと。女性として、先住民のマオリとして初の外務大臣に選ばれたのだ。彼女は、なんと二六歳の時から国会議員として活躍し、議員歴二四年というベテラン（当時）。自他共に認める「人間関係を築くプロ」という報道で、国際社会ともさらに関係性を深めていきたい、とインタビューで話していた。関係性を大切にしながらものごとを進めていくというマオリの人たちのやり方から、国際社会が学べることはたくさんあると思うから、とても楽しみだ。

今回の投票率の高さは、パンデミックの最中で政治に注目する人が多かったこととともに、投票日の二週間前から始まる期日前投票の投票所を増やし、投票しやすい環境をさらに整備したことも理由と言われていた。

私は投開票日当日、友だちの誕生日パーティーに参加していた。夜七時ごろには開票速報が始まって、みんなで中継を見た。「オアマル選挙区（ダニーデンの隣町で、いつもは国民党が強いところ）で労働党が勝つなんて！」など、私は詳しくない地域事情を友だちの会話から聞きつつ、中継を見た。私たちは誕生日パーティーだったわけだけど、開票の中継ウォッチパーティーを開いて、集まる人もいた。政治家の一人に仮装して、ウォッチパーティーに行くと話していた友だちもいて、そんなふうにラフに選挙を楽しめるようになったら日本もおもしろいのにな、と思った。

高校のころ、永住権を獲得したばかりの友だちに、すぐ投票用紙が届いて驚いたことがあった。一九九〇年代から移民政策を進めてきて、人口もじわじわと増加しているニュージーランドでは、市民権を持っていなくても投票ができるのだ。日本では、日本で生まれ育った人でさえ、国籍を取得しなければ、永住権を持っていても投票できない。選挙は、その国に住むすべての人に関わることなのに、国籍で投票できるかどうかを決めるのは、現実を反映していないと私は思う。

先にも書いたけれど、政治家によって国の問題がすべて解決されるわけでは、もちろんない。ニュージーランドの政治家は、人間的な人が多く、距離感が近かったり親しみが持てるのがいい。だけど、政治家個人だけに注目することは、社会構造の問題を見えにくくさせるという認識が、若い世代に広まっている。政治を政治家だけにまかせずに、自分たちでよく考えるということが、共有されていると感じる。

国が成り立っているのは、地域の人たちの日々の営みがあってこそ。ニュージーランドは、八割の人が投票に行くだけでなく、私の知るかぎりかもしれないけれど、地域でできることに関わっていこうとする人たちが多いような気がする。たとえば前に書いた毎週開催されるファーマーズマーケットも、地域でできる身近な取り組みの一つだ。選挙の時だけではなく、日々の中の小さな気づきをまわりの人たちと共有していく、その積み重ねも大事なことだと思う。

私がヴィーガンになったわけ

私の母は、彼女が二〇歳のころにベジタリアンの食生活と出会い、それ以降、玄米菜食の生活をしている。おかげで、私も生まれた時から、動物性食品をほとんど食べずに育ってきた。子どものころは、それがあたりまえだったので、めずらしいことだとも思っていなかった。

でも、小学校に通うようになって、まわりの子たちがお肉を食べているのを見たりして、動物性食品にあこがれみたいなものを感じるようになった。一〇代になると、外食をする時は、お肉の入ったメニューをすすんで食べていた。まわりの人と同じものを食べたいと感じる年ごろだったな、とも振り返って思う。

私が自らベジタリアンになろうと決めたきっかけは、ニュージーランドの高校に入ってすぐ仲良くなった友だちだった。ある日、その友だちが、自分で仕留めたという猪を掲げている写真を見せてくれた。週末に、家族で猟に行った時の写真だった。彼女の勇敢さに驚きと敬意を抱きつつ、同時に、私には絶対できないという思いも強烈にこみ上げてきた。

私の場合はもちろん、車いすユーザーという身体的制限もあってとても無理なのだが、その時の強い感情は今も忘れることができない。そして、自分がとてもできないと思うことを、他人にやってもらった結果としての、肉食は選びたくないと思ったのだった。

ベジタリアンの同級生も数人いたし、理解がある人に囲まれていたほうだと思うけれど、当時気になっていた人が、授業中のおしゃべりで、「ベジタリアンなんてそこらへんの草でも食べてるんだろ」と笑っているのを耳にして、ショックを受けた。それ以来、その人への興味は消えてしまった。

高校生でベジタリアンになろうと決めたあと、同じ寮で出会ったベルがヴィーガンだった。彼女が「寮でヴィーガンメニューに変えるの簡単にできるよ」と教えてくれて、それをきっかけにヴィーガンに転換した。ベジタリアンは、乳製品や卵を食べることもあるけれど、ヴィーガンは、動物性食品を一切口にしない。乳製品も卵も、もともとそんなに食べたことがなかったから、ベジタリアンのメニューは乳製品が多すぎて、私の体に合わないなと感じていたのだ。

寮にいた間は、料理をしないで済むのは楽だったけれど、メニューのパターンがある程度決まっていたので、自分の好みとちょっと違う献立が続いた時は正直飽きを感じることがあった。料理が好きだったし、寮生活の一年が終わるころには、自分でごはんを作りたくてうずうずしていた。

多くの人にとって、ベジタリアンやヴィーガンになるハードルは高い。まず思いつく障壁は、食べられるものの選択肢が狭くなることだと思う。肉を食べないのなら、では何を食べればいいのかわからない、という人がほとんどだ。動物性食品を食べないと、栄養が足りないのではないかと心配されることもある。ヴィーガン食品は、高価な場合が多いから、裕福な人が、ファッションでヴィーガンになるというイメージを持っている人もいる。

だけど私は、高価なヴィーガン食品とかは滅多に買わない。買うのはお米と野菜と豆類なので、食費は案外、低く抑えられていると感じる。菜食の家で育ってきたから、食材選びにも困ったことはない。

野菜はおいしいだけじゃなくて、種類がたくさんあって色とりどりで楽しいし、食中毒に気をつける必要もない。重ね煮という調理方法を使ったり、いろんなお豆とスパイスをかけ合わせたりすれば、レシピは無限大だ。日持ちもするので作りおきもしやすいし、いいところだらけだと思っている。

シェアハウスの同居人はお肉を食べる人たちだったけど、私と一緒に料理をする時は、ヴィーガンのメニューに合わせてくれた。みんな、ヴィーガンの食事もおいしいし、十分満足できると言ってくれて、うれしかった。今まで一緒に暮らしてきた同居人の中には、私と暮らしたあと、お肉を食べる量を減らすようになったと言ってくれた人もいた。

ベジタリアンやヴィーガンになる理由は人によってさまざまだけど、倫理的な問題と環境問題を挙げる人が多い。お肉を食べるということは、動物の命と人間の命を対等に見ていないということで、動物たちへの感受性が閉ざされてしまうと考える人もいる。

ファクトリー・ファーミング（工場型畜産）の実態は、非道なものだ。だけど、スーパーに並ぶ、プラスチックできれいに包装されたお肉からは、そんな現実は感じられない。私はスーパーのお肉売り場に行くと、大工場みたいな農場でぎゅうぎゅうづめにされている牛や豚や鶏の姿をつい想像してしまい、そのたびに悲しくなるので、そのセクションにはなるべく近づかないようにしている。私が近づかないようにしたところで、何が変わるのかという思いもあるけれど、一人一人の行動は大きい。実際に、一人の行動の大切さを広めようと、元ビートルズのポール・マッカートニーが、ミート・フリー・マンデーというキャンペーンをしている。週に一回、月曜日だけはお肉を食べないようにしようという呼びかけで、そうする人が増えるだけで環境への負荷が減るという。その活動は、三六カ国にも広がっている。

さらにこの数年で、圧倒的にベジタリアン、ヴィーガンになる人が増えている。そのおかげで、ニュージーランドは酪農大国だけれど、ベジタリアンやヴィーガンにとっても暮らしやすい国になってきた。

私が大学に通いはじめた二〇一六年ごろと比べても、普通のスーパーマーケットにいろんな種類のヴィーガンヨーグルトが並んでいたり、冷凍食品の棚一面にヴィーガン向けの商品が並んでいたりする。

カフェやレストランにも、ほとんど必ず、ヴィーガンやベジタリアンのオプションがある。しかも、「ただチーズとハムを取り除きました」みたいな悲しいオプションじゃなくて、味も見た目も遜色のない、手の込んだメニューが増えてきているように思う。

ヴィーガンに移行したのは、環境への負荷がいちばん大きな理由だった。気候変動の影響で、自然災害が年々広がっていることは、世界中でニュースになっている。気候がどんどん変わってきていることも、多くの人が実感していることだと思う。気候が変わることは、地球のサイクルの一部であるのと同時に、急速な変化の原因は、人間による環境破壊だ。それに対して、自分でできることはないかなと考えた時、私にとってはヴィーガンになるという選択が、環境負荷を少なくするために、すぐに実行できることだった。

アラスカのイヌイットの人たちなど、野菜や穀物が育ちにくい環境で、動物を食べて生き延びてきた人たちもいるし、それぞれの食文化も否定したくない。それにヴィーガンになっても、社会が大量生産と大量消費を加速させるような仕組みのままでは、環境への負荷が減るとはかぎらない。食品ロスの問題もあるし、日々食べるものを世界中から輸入することも含めて、持続可能なあり方へと方向転換していかなければいけないと思う。

牛を一キロ太らせる（つまり牛肉一キロを生産する）のに、一一キロの穀物が必要だという。その穀物を栽培する面積で、直接人間が食べられる穀物や野菜を育てたほうが、水も土地面積も節約できる。

ニュージーランドは酪農大国だし、肉食文化だ。住んでいるからこそ、酪農が環境に与える影響が、見えやすい。ニュージーランドでドライブすると、広大な酪農場をいくつも通り過ぎる。ここに来た最初のころは、「羊さんかわいいなあ」なんて思って眺めていたけれど、かつてはネイティブブッシュ（ニュージーランドに元からあった森）が広がっていたことを知ると、これらの農場を作るために大規模な森林伐採が行われてきた歴史に思いをはせるようになった。

牛や羊の屎尿《しにょう》が土の中に浸透し、それがやがて水路へ届いて、多くの川を汚してもいる。ニュージーランドは「クリーンでグリーンなニュージーランド」というコピーで、環境がきれいなことを売りにしているが、実際は半分以上の川が泳げないほど汚れていると、二〇一二年にニューヨーク・タイムズがスクープした。

友だちからもらった手作りのお菓子に、卵やバターが入っていることもあって、そういう時は動物性食品を食べることもある。動物性のものを口にするのはヴィーガンになった理由と矛盾することになるけれど、友だちが時間と気持ちを込めて作ったものは、食べたいと思うのだ。でもいちばんうれしいのは、私がヴィーガンなのを知った友だちが、ヴィーガンのお菓子を焼いてくれること。

そんなゆるいところも含めて、私がヴィーガンであることを公表したり発信したりするのは、本当はだれにとっても関係のある話だし、やってみるとそんなにむずかしくないということを、知ってほしいからだ。

私にとってヴィーガンであることは、自分の生活の中から地球を大切にする方法の一つ。そうすることで、自分の体と心も元気でいられるのだ。

ダニーデンと環境問題

二〇一九年、ニュージーランドでは、スーパーなどで使われる使い捨てのポリ袋が禁止になった。その前からポリ袋は有料になっていたので、ここに住む人たちは、マイバッグを持ち歩くのに慣れていたと思う。それでも、どのお店からも、一気にポリ袋が消えた時は、驚きと同時に、清々しい気持ちになった。当時の研修先の先輩が、「ゴミ袋にするポリ袋がなくなるのは困るなぁって思ったけど、新聞紙を折ってゴミ箱を作ればいいって気づいたわ!」と言って、新聞紙のゴミ箱を誇らしげに見せてくれた。

研究によると、海の中を漂うプラスチックに小さな微生物たちが集まり、その微生物たちの摩擦によって発生する匂いが、海鳥たちの餌《えさ》の匂いと同じ匂いのために、海鳥たちはプラスチックを餌と間違えて食べてしまうそうだ。

アオテアロア(ニュージーランドのマオリ語での呼称)は、もともと鳥の楽園だった。マオリの人たちがやってきたころは、お互いの話し声が聞こえないくらい、鳥たちのさえずりが響きわたっていたそうだ。その後、主にイギリスからやってきた人たちが、四つ足の動物たちを連れてきた。植民地支配と「開拓」という名の下での環境破壊が進むにつれ、鳥たちの数はずいぶん減ってしまった。だけど、今も、世界で見られるアホウドリ二二種類のうち、一四種類はアオテアロアで見ることができる。たくさんのめずらしい鳥の住処《すみか》であることは、変わらない。

私の住むダニーデンは、アホウドリの一種のノーザン・ロイヤル・アルバトロス（以下、アルバトロス）の繁殖コロニーがある。そこは、ダニーデンの中心部から車で四〇分くらいのところにあり、人間が歩いて行ける、唯一の繁殖コロニーだ。

アルバトロスは、ダニーデンと南米を往来する渡り鳥で、一生の八五パーセントは海の上で過ごす。長寿で知られ、四〇年以上生きるとされている。繁殖のため二年に一回、ダニーデンに帰ってくる。一度カップルになったら、パートナーが死んでしまうまで一生添い遂げるという、一途《いちず》な海鳥だ。海上生活の間はそれぞれ別に暮らしているけれど、同じ時期に同じ場所に戻ってきて、一緒に子どもを育てるそうだ。

大学時代に同居人だったジャニスは、ロイヤル・アルバトロス・センターで、このコロニーのツアーガイドをしている。人間の開拓によって、一時はアルバトロスが帰ってこなくなってしまった時期もあったそうだが、今は、このコロニーは環境保護地区として守られている。ツアー料金は、コロニーの保護のために使われる。いつでもアルバトロスが見られるとはかぎらないけれど、九月ごろに私が訪れた時は、数羽のアルバトロスが三メートルにもなる翼を広げて、悠々と空を舞っている姿を見ることができた。

ジャニスの話によると、コロニーで子育てをしているカップルの中に、レズビアンのカップルがいるそうだ。それぞれ、別のオスと子作りをしたあと、お互いのところに戻ってきて、隣同士の巣で卵を温めたり、協力し合いながらそれぞれの雛を育てているという。鳥の世界で、同性カップルはよくあると聞いたことがあったけれど、近くで実際にカップルがいると聞いた時は、わくわくした。そのカップルが見られるわけではないけれど、アルバトロスの子育ての様子は、ニュージーランドの自然保護局が設置しているライブカメラを通して、ＹｏｕＴｕｂｅで見ることができる。

でも、悲しいことに、先ほど書いたように、アルバトロスもプラスチックを誤って食べてしまうことがある。カップルが交互に海へ餌を見つけに行っては、雛鳥に与えるのだが、その餌の中からプラスチックが発見された。プラスチックは消化もされず体外へも排出されにくいため、栄養はとれないのにずっとおなかがいっぱいの状態が続いて、栄養失調で死んでしまう雛鳥が確認されたと、ロイヤル・アルバトロス・センターのウェブサイトに書いてあった。

アルバトロスは今、世界に一〇〇羽もいないと言われていて、絶滅危惧種に指定されている。この状況を広く知らせるため、アルバトロス・センターでは、観光ツアーのほかにも、野生動物の生態や、環境問題についての課外授業を地域の学校で行っている。さらに、地元の人たちがビーチでプラスチックを拾う「ビーチ・クリーンアップ」も定期的に企画している。私はそのビーチ・クリーンアップにはまだ参加したことがないのだけれど、ジャニスと一緒に何度かプラスチック拾いをしに行った。一見何も落ちてないようなビーチでも、よく目を凝らすと、手にいっぱいのプラスチックが見つかった。

プラスチックは自然界にある石油に添加剤を加えてできるものだが、自然界に戻るまで完全に分解する技術は発明されていない。「プラスチックのリサイクル」が進んできたといっても、ここニュージーランドでも数年前まで、その多くが中国へ輸出されていた。二〇一七年に、中国がプラスチックごみを受け取らないと宣言したこともあって、ポリ袋を禁止する法律ができた。だけどもちろん、ポリ袋以外のプラスチックもたくさん作られている。ニュージーランドは、未だにきちんとしたプラスチックのリサイクル施設を持っていない。

海の中にある海洋プラスチックの量は、二〇五〇年までに、海中に生息するすべての魚の重さを超えてしまうという。私たちが一時の便利さを享受するために、未来の人たちにゴミの処理を押しつけるのは、不公平な話だ。ただ、医療用品などで、命のためにプラスチックが必要な現場もある。すべてを今すぐやめられないとしても、できるかぎりプラスチックを減らしていくことが、大切なのだと思う。

ダニーデンには、量り売りの食品店がいくつかある。「テイスト・ネイチャー」というオーガニックショップでは、いろんな雑穀やスパイスなどを取りそろえている。そこではプラスチック容器に入っていることが多いお米や油なども、自分の容器を持っていって買うことができるので、とても重宝している。

最近では、竹製の歯ブラシだとか、プラスチックを使わない製品がずいぶん増えている。プラスチックを使わないという試みは大切なことだ。でも同時に、商品の生産過程で結局プラスチックが使われているということも、よくある。前にも書いたように、大量消費を前提とした大量生産のあり方が変わらないかぎり、「環境に優しい」というキャッチコピーで売られている商品も、結局は環境破壊に加担し続けている可能性がある。

課題はプラスチックごみにかぎらない。気候変動による自然災害は年々深刻さを増している。その影響をいちばんに受ける、グローバルサウスと呼ばれる国の人たちや、これから影響を受ける若い世代の声が、社会を動かしはじめている。

二〇一八年にスウェーデンのグレタ・トゥーンベリさんが始めた金曜日のスクールストライキは、全世界に広まり、二〇一九年にはダニーデンでも、三回ほど大きなデモが行われた。人口約一三万人のダニーデンで、そのたびに、高校生を中心に一〇〇〇人くらいの人々が集まった。私も、一度参加することができて、「クライメイト・ジャスティス・ナウ（気候正義を今）」と繰り返し響く声やそれぞれのスピーチから、今ここで声をあげないと、自分たちの未来がないという切実さを感じた。

今はまだ、自然を楽しむことができるけれど、このまま環境破壊を続ければ、私の子どもや孫の時代には、私たちが親しんできたような自然は残っていないかもしれない。さらには、地球に住むすべての生き物たちの生存すら危ういのだ。スピーチで話していた一人の子が「学校を休んでデモに行くなんて意味がないと、まわりの大人から言われるけれど、自分の未来のことにちゃんと向き合わないで、勉強だけしているうちに環境が壊れてしまったら、それこそ意味がないんだ」と訴えていた。

そんな活動のあとで、ニュージーランドは、二〇一九年の一一月に「気候変動対策法案（二酸化炭素ゼロ法案）」を可決した。この法律によって、二〇三五年までに、すべての電力は再生可能エネルギーでまかなうこと、そして二〇五〇年までに、二酸化炭素の排出量をゼロにすると決めた。牛や羊など畜産動物からの二酸化炭素の排出量においては、今の時点では、四分の一にするという。この法律が成立したあと、アーダーン首相は、「他国の気候変動の対策のペースの遅さに失望感を感じると同時に、ニュージーランドはこの問題に向き合う国際リーダーになる。未来の世代の人たちに、ニュージーランドは正しい選択をしたとおぼえていてほしい」と語った。

気候変動に歯止めをかけるために残された時間は、あと八年とも、四年とも言われている。八年や四年なんて、あっという間に過ぎていくだろう。忙しい日々の中で余裕がないと、環境のことを考えられない時だってある。さらに、まわりに環境問題について話せる人がいないと、何かしたい、という思いはあってもどうしたらいいかわからなくなってしまうこともある。

サモア出身の環境活動家ブリアナ・フルーエンさんは、二〇二二年五月、ニューヨークで行われたグローバル・シチズンの受賞スピーチで次のように話した。「気候変動は、私たちの世代の危機です。特に、私の島の若い人々にとっては。でも私は、悲しい話をするためにここに来たわけではありません。なぜなら、気候変動が世界の終わりだと思っていないからです。これは、始まりだと思っています。私たちが自然との関係を修復し、利益よりも人が優先される未来を作るための始まりです。今日から、気候変動は世界の終わりという考えをやめ、これが、世界を変えていくきっかけだと呼びかけます。新しい一日が始まる時に感じるような、エネルギーを想像してください。そのエネルギーを使って、変革を起こすための行動をとることを呼びかけます。私たちの世代が気候危機を終わらせられる世代だと、心から信じています」。そして、あなたのおばあちゃんやおじいちゃんから、たくさん学んでほしい、と若い人に呼びかけた。サモアなどの太平洋諸島の生活と日本の生活様式はかなり違うけれど、日本にも長い間、自然と一緒に生きてきた歴史がある。

サモアやフィジー出身の友だちは、長い間積み上げられてきた生活の中の知恵をふり返ることが大切なのだと、思い出させてくれるし、デモに参加する友だちと話をすると、力をもらう。インターネットから、この問題を真剣に考えている人たちが世界中にいることもわかる。こうした大きな問題と向き合う時、一人にならないことが大切だと私は思っている。一人でできることは本当に少ないけれど、つながっていくことで、できることは広がっていく。

これは一人の問題ではないのだから、自分の力の小ささに悩まずに、これから先の未来へと命をつないでいけるように、人とつながっていきたい。

ワイタンギの日

ワイタンギデー（ワイタンギの日）の式典は、朝五時から始まっていた。私たちは少し遅れてしまったけれど、会場の海が見渡せる丘の上に到着すると、朝日が昇る前の暗闇の中、賓客《ひんかく》たちのスピーチのようすを映すスクリーン前に、厚着した人たちが集まっていた。正直、音声がよく聞こえなかったのだけれど、ゆっくりと白けてくる空の様子を見ながら、一八〇年も前にこの場所で、マオリの首長たちとイギリス王室の代表たちが条約にサインしたようすを想像してみた。当時の人たちは、一八〇年もあとに、私のようなアジア人や世界中からいろんな人がやってきて、この大地に立っているなんて、まったく想像しなかっただろう。

ニュージーランドはかつて鳥の楽園で、そこにマオリの人々がやってきて、そのあと西洋の人々と四つ足動物がやってきた、ということは前に書いた。その後、一九世紀半ばにイギリスの王家と、先住民のマオリの首長たちとの間にワイタンギ条約が結ばれた。

二〇二一年、私は初めて、そのワイタンギ条約が結ばれた日を祝うワイタンギデーという公式の祝典に参加した。

私がアオテアロア・ニュージーランドに来たばかりのころは、この国の先住民がマオリの人たちであるという認識はあったけれど、それ以上のことはほとんど知らなかった。

でも、高校で最初に仲良くなった同級生がマオリだったことから、マオリの人たちの文化や、歴史、そして今も続いている植民地支配の影響について、少し学ぶことができた。彼女たちとの出会いのおかげで、私はこの島に住んでいたいという気持ちが強くなった。

大学に来てからも、最初に居場所を感じさせてくれたのは、マオリの友だちだった。異文化の土地で暮らしていると、自国にいても、こちらにいても、どちらにもうまくフィットしないような気がして、自分のアイデンティティが迷子になる時がある。そんな中、彼女たちの存在は、私に船のいかりのようなどっしりとした安心感をくれた。

マオリの文化は、先祖や大地を大切にする文化だ。2章の「大地とのつながり」で書いたように、マオリの人たちは自己紹介の時に、自分と自分の家族にゆかりのある山と川を紹介し、自分の部族と家族を紹介してから、自分の名前を言う。私も、マオリ式の自己紹介を繰り返すうちに、日本にいた時よりも、自分の先祖や先祖たちが暮らしてきた土地について、意識するようになった。自分のルーツになる土地を意識するようになって、自分の存在が、先祖たちがつないできてくれた命のバトンの先にあるものだと実感するようになった。それは、私の中に深い安心感をもたらした。

大学でソーシャルワーカーになる目標を決めてからは、ソーシャルワークの中で、ワイタンギ条約を守り、実現していくにはどうしたらよいかを授業を通して、何度も学んだ。イギリスをはじめとする西洋諸国は、一九〇〇年初頭までに世界の大部分を植民地支配した。そして、現代社会は、植民地支配が始まった時代と地続き上にある。その中で、マオリの人たちが培《つちか》ってきた脱植民地（decolonization）の活動は、とても力強く、ほかの先住民の人たちからもリーダーとして見られている。

マオリの人たちはアオテアロアの「その大地の人々」（tangata whenua《タンガタ フェヌア》）であり、それ以外の人たちは「条約の人々」（tangata tiriti《タンガタ テイリテイ》）と呼ばれる。つまり私は、条約の人々の一員だ。

現代社会で、ほかの国を訪れたりそこに住むためには、ビザが必要で、その国に着いたら、その国のルールにしたがって行動しなければいけない。でも、この出入国を管理するというシステム自体、植民地支配が行われていた時代に作られたものだ。アオテアロアに最初にやってきた西洋からの入植者たちは、マオリの人たちからビザみたいなものを支給してもらう必要もなかった。さらには、マオリの人たちがそれまで培ってきた掟《おきて》があったのにもかかわらず、入植者たちはそれに従《したが》うどころか、自分たちのルールを押しつけて、その地の暮らし方を奪っていった。だからこそ、そんなことにならないために結ばれたはずのワイタンギ条約について学ぶことは、この国に住むための義務だと私は思う。

ワイタンギ条約は初めに書いたように、アオテアロアに先に暮らしていたマオリの首長と、あとからやってきたイギリスの王室の間で、一八四〇年二月六日に結ばれたものだ。

この条約は、英語とマオリ語で意味が大きく違うところがあった。たとえば、英語の第一条は「ニュージーランドの全主権を英国国王に譲渡する」というもので、「主権（sovereignty）」のマオリ語訳にはKāwanatanga《カワナタンガ》という言葉が当てられた。だけど、Kāwanatangaは英訳するとGovernance（統治）が適切で、「組織や社会に関与するメンバーが主体的に関与を行う、意思決定、合意形成のシステム」という意味なので、マオリの首長は、マオリの人はマオリの掟に、イギリス人は王家に従う、と理解していた。イギリスに統治権を渡すことに同意したわけではなかった。

また、第二条で使われたマオリ語のTino Rangatiratanga《ティノランガティラタンガ》こそが「主権」に近い言葉であり（Tinoは大切な／大きな、Rangatiraは首長の意、tangaは名詞を動詞にする接尾辞）、第二条はマオリの大地やその他、マオリの宝とされているものに対して、マオリの「主権」を保障する、という意味になる。ところが英語版では、「英国国王は先住民の文化、および森林、漁業場を含む土地における権利を保障する。マオリの所有地の売買は英国国王の許可を必要とする」という内容だった。実質的にはイギリスが土地の絶対所有権を持つということで、この点も、とても大きな違いだったという。

マオリの人たちは、今からおよそ七〇〇〜一〇〇〇年ほど前に、太平洋の島々からやってきたとされている。「マオリ」は、もともとマオリ語で「普通」といったような意味で、一口《ひとくち》に「マオリ」と言っても、多数の部族がある。

ワイタンギ条約を専門とする弁護士のモアナ・ジャクソンさんは、マオリの人たちは「部族間で戦いがあっても、終わればそのたびに、平和条約を結んでお互いとの関係性を保ってきた」と語る。だから、マオリの人たちにとって結んだ条約は約束であり、意味解釈をねじ曲げたりするものではなかった。

けれど、条約を結んだあと、入植者たちは、マオリ語の条約で約束したことを破り、マオリの人たちから土地をどんどん取り上げ、言葉を禁止し、伝統的な治療法なども禁止し、さらには子どもたちを白人家庭に養子に出させて白人化を図った。

そうしたマオリの人たちの主権をまったく認めない植民地支配の影響は、現代のニュージーランドにも、深く根を下ろしている。暴力的に生活の基盤を奪《うば》われたマオリの人たちは、貧困に追い込まれ、その貧困の連鎖は今も続いている。

一方で、公の場で使うことを禁止されていたマオリ語は、マオリの人たちによる力強い運動によって、一九八七年に公用語になった。一九八〇年代から、マオリ語を語り継いできた女性たちが組織したマオリ語だけを使って教える学校（コハンガレオ）が全国に広がり、近年では、コハンガレオ以外の教育施設でも、積極的にマオリ語が使われている。マオリ語が禁止されていた時代に育った人たちはマオリ語を話せないことが多いけれど、若い人たちの中では、流暢に話せる人も増えてきている。公共のサインにはマオリ語と英語で書かれているものも、よく見るようになってきた。

ワイタンギデーの式典は、そんな破られた約束を、もう一度見直して、修復しようという思いを持った人たちの集まりのように感じた。

マオリ語に manaakitanga《マナアキタンガ》という言葉がある。それは「もてなす」「親切心」「支える」といった意味で、マオリの文化の中でとても大切にされていることの一つだ。それにならって、ワイタンギデーの式典では、政治家たちが、そこに集まる一般の人たちに朝食を提供するのが慣例となっている。首相や大臣たちが朝からエプロンをして、参加者に朝ごはんを振る舞っている姿は、日本では絶対にあり得ないだろうと思った。

それから、マオリの人たちがアオテアロアにやってきた時に使ったワカという船を出す儀式や、ハカという伝統的な踊りがあったり、条約が結ばれた丘から下ったところでは、一面に屋台が出ていて、おいしそうな食べ物や小物が売られていたりする。お祭りのようなお祝いムードに満ちていて、この同じ空間に身を置いているだけで、楽しくなった。

屋台の横には、社会問題を議論し合うフォーラムテントというのがあった。たまたま参加させてもらったタイミングで、マオリの人たちの大切な場所であるマラエを、障がいを持った人たちにも使いやすくするにはどうしたらよいかという対話が行われていた。マラエに入るには、靴を脱がなければいけないとか、動物は入れないとかの決まりがある。車いすの場合や、盲導犬と一緒の場合はどうするのかというような、伝統的な文化の中にはなかったニーズにどう対応すればよいのか、という議論だった。その場ですぐに答えが見つかるわけではないけれど、そういう対話をしていることが、とてもうれしかった。

ワイタンギ条約は、「正義を実現するために、私たちは何をする必要があるのか？」という問いを投げかけている、と環境・先住民・人権活動家のティナ・ナタさんは言う。ナタさんの言う「私たち」とは、tangata tiriti（条約の人々）のことだ。私は、条約の人々の一員として、何ができるかと考えたとき、自ら学び、行動することが大切だと学ばせてもらっている。

オークランドに拠点を置くAsians Supporting Tino Rangatiratanga（マオリの主権を応

援するアジア人の会）というグループがある。ワイタンギの式典では彼女たちとも話すことができた。ワイタンギ条約を尊重し、マオリの主権が回復することを応援する、アジア人のグループがあるということも、私にとってうれしいことだった。

ワイタンギデーは、あの時に交わされた共生の約束が果たされるようにと、願う人たちの集い。過去の人たちの願いを、未来につなげようとする人たちの集いは、芯の通った優しさと、未来への期待感があった。

マオリの人たちは、自分たちの言葉や文化を失いかけたけど、それを取り戻そうと闘い続けた人たちのおかげで、今、言葉も文化も着実に引き継がれている。不平等はまだまだあるけれど、アオテアロアには今、それを乗り越えたいという意思とともに、マオリの主権が守られる社会が当然だという考えを持つ人が増えている。

私の安全圏

大学四年生のとき、ソーシャルワークの実習先の研修で、クィアのアイデンティティを持つ講師から、人が自分のアイデンティティを受け容れるまでのプロセスについて教わった。ごく簡単に要約すると、このプロセスは、まず混乱や、自分のアイデンティティの否定から始まる。まわりの人と比べて、自分の人生が「普通ではない」ことを悲しむこともある。そこから次第に、たとえば「自分はクィアなのだ」といった事実を受け容れられるようになり、そのアイデンティティに誇りを持つ。それから、自分と同じアイデンティティを持つ人と、ともに過ごすことが好きになる。自分のアイデンティティをとても居心地よく感じるようになったら、自分とは異なる多様な人々の中にいるときも、自分らしくいられるようになる、という解説だった。

私の心の動きは、まさにこれに当てはまるものだった。私にとって、障がい者としてのアイデンティティは、長い間受け容れたくないものだった。だけど、高校の同級生の「宇宙と一緒にいたら差別される」という言葉をきっかけに、今まで私自身、障がいを持っている人たちを避けてきたことに気づき、それはやめようと思った。

この決意をうながすように、大学の入学式で、車いすに乗った新入生を見かけた。その学生は、私の寮の隣にある寮に住んでいるとわかって、話しかけるきっかけを探していた。

半年くらいたったとき、授業に向かう途中で、その子の車いすの前輪が交差点の段差で引っかかっているところに行き会った。私と一緒にいた友だちが「手を貸そうか」と声をかけたので、私も今がチャンス！　と、「今度、お茶でもしに行かない？」と別れぎわに話しかけてみた。車いすユーザー同士といっても、だれもがおたがい友だちになりたいと思っているわけでもないので、どう受け止められるか少し不安だったけれど、連絡先を交換してくれた。学生の名前は、ジャック。私と障がいのタイプは違うけれど、身長は同じくらい、歳も同じで、車いすも同じようなのを使っていた。

少したってから、ジャックとカフェでお茶をした。そのときはおたがい緊張していて、話がはずんだとは言えなかったけれど、ジャックは自分の体に合わせた改造車を運転していて、いつか運転を教えてあげる、と言ってくれた。ある時、ジャックがあまり料理好きではないと知ってから、週に一回くらい、私のシェアハウスにごはんを食べに来るようになり、一年くらいかけて、仲良くなっていった。

車いすに乗っている学生は少ないから、大学内でも、ダニーデンの街中でも私たちは目立つ。ジャックと私のどちらが、通行人の視線を多く集められるか、なんて競争をしたこともある。長く車いすに乗っていると、周囲の視線を感じることには慣れっこになる。でも、すごく疲れている時には、知らない人からじろじろ見られることが負担に感じることも、正直ある。そんな経験も、ジャックといれば遊びに変換することができて、気持ちが軽くなった。

ジャックとは、障がいを持っているという経験を共有できても、アジア人として感じることは、伝わらないこともある。一つのアイデンティティが理解されても、ほかのアイデンティティが見えにくくなることがある。そこで役に立つのは、インターセクショナリティという言葉だ。

ソーシャルワークで関わる人の状況をよく理解するには、その人の持つアイデンティティと、連動する社会的立場や抑圧についても知る必要があると学んだ。インターセクショナリティとは、多面的なアイデンティティがどのようにその人の現実を形作っていくかを、理解するために作り出された言葉だ。一九八〇年代、アメリカのフェミニズム運動から生まれ、同じ女性であっても、白人か黒人かで経験がまったく変わってくるということを語るために、黒人の女性たちが使いはじめた。

この言葉を知ることで、私は自分のことをもっと深く知ることができた。たとえば私は、ニュージーランドに来て初めて、日本人としてのアイデンティティを意識するようになった。それは、日本では日本国籍を持つ人というマジョリティに属していて、日本の国籍を持たない人が受けるさまざまな不平等を経験しなくてすんでいたからだ。

自分が日本人であると同時に、アジア人というアイデンティティにも気づいた。ニュージーランドでは、アジア人はマイノリティである。道を歩いていると、通りすがりの男性からいきなり大声で「どこから来たの」と聞かれることもある。この男性のような行動を、マイクロアグレッションという。

こういった、あからさまな差別とは言えないまでも、自分がまわりとは「違う」と意識させられる経験は、私にとっては日常茶飯事だ。そしてマイクロアグレッションを受けた経験は、同じアイデンティティを持つ人同士がいちばん共有しやすい。私の場合、大学の寮で自然と仲良くなった友だちはアジア出身が多かったし、社会福祉士学部でいちばん仲の良かった友だちも、アジア系だった。意識しているわけではなくても、一緒にいる時の安心感が違うのだ。

現在のニュージーランドは、白人中心の社会だ。この社会で、アジア人としてどのようにバランスをとって、生きていくかというむずかしい問題を、言葉で説明しなくても、ある程度理解し合えることが、その安心感につながっているのだと思う。

同時に、同じアジア人であっても、日本人であることで、ほかのアジアの人たちより、快い態度をとられることがある。経済大国である日本をビジネスの相手と見ているからか、小学校から大学まで、日本語を選択できる学校が多く、日本の文化はよく知られている。だけど、アジア人の中で優遇されることは、不公平だと感じる。そして、アジアの友だちと関わる中で忘れてはいけないことは、私たちのおじいちゃんとおばあちゃん世代の歴史のことだ。

　アジア出身のアンは、学年が二つ上だったけれど、彼女が卒業するまで、ほぼ毎日一緒に過ごしていた。とてもまっすぐな人で、不満があれば、すぐに言う。大学に入ったころの私は、車いすだからまわりの人にたくさんサポートしてもらう分、精神的にはあまり人に頼らないようにしようと、友だちにも遠慮があった。そんな私を見て、アンは、そんなに気を使わなくていい、もっと素直でいていいんだよと言ってくれた。おたがい気に入らないところがあっても、仲良しでいられる友だちがいることは、大きな安心感をくれた。

　ある時、アンがおばあちゃんの話をしてくれた。彼女は目の前で父親を日本兵に殺されるという経験をしていて、日本人とは会いたくないと言っていた。私の祖父は戦争に行っていたので、彼女の国に行っていたのではないにしても、まったく他人事ではないと感じた。そして、たった二、三世代あとの私たちが、こんなふうに仲良くできることを、うれしく思った。同時に、今の私たちが仲良くするためには、歴史を知ることが大切だと感じた。

　ずいぶんあとからアンに聞いたことだけれど、「ウミと一緒にずっといるの負担にならないの？」と、アジア系の友だちに聞かれたことがあったそうだ。アンは面食らいつつも、「一緒にいたいからいるんだよ」と答えたという。同じアジア人といっても、だれとでも仲良くなれるわけでは、もちろんない。障がいを持っている私をそんなふうに見ている人の存在を知って、アジア人のコミュニティにいても、すっかり安心しきれないような感覚があったことに納得がいった。

インターセクショナルな（マイノリティ性が重複している）アイデンティティを持っていると、日々の何気ないところで自分の経験が理解されず、心がすり減ってしまうことがある。たとえば、友だちから「何でもできるウミは障がいを持ってないよ」とか言われたり、日本人はシャイだという思い込みがある人から「ウミは日本人じゃないみたい」と言われたりする。どちらも、ほめ言葉のつもりで言ったのだろうけれど、私のアイデンティティを否定していることに、本人は気づいていない。確かに、障がいを持っていることや、アジア人であることで、社会の中で不利になることはある。でも、それは障がいを持っていることや、アジア人であることに端を発するものではなくて、ニュージーランドの社会が健常者と白人を中心に作られているからだ。なので、それらの言葉は私にとって、まったくほめ言葉になっていないのだ。

大学卒業も近づいたころ、ジャックと二人でドライブに出かけた時、「じつは、家を買って来年からはそこに住むことにしたんだ」とジャックが言った。私は「おめでとう！」

と言う前に、「一緒に住んでいい？」と聞いてしまい、ジャックは大笑いしながら、いいよと言ってくれた。それから一緒に暮らして三年になろうとしている。この間、私たちはおたがいからいろんなことを学んできた。私は人の手を借りるのが得意だけれど、彼女はすべて自分でやるように教育されて育った。初めて二人で、車に乗って街に出かけた時、私の手動の車いすをトランクから取り出すために、私が車の窓から道ゆく人に「すみませーん」と大声で頼もうとしたら、ジャックはとても驚いた。彼女は自分で車いすを降ろすつもりだったのだ。でも、それは体に負担がかかるし、リスクもあるから、人に頼めるのなら頼もう、と伝えた。それ以来、「助けが必要なときは、ウミになったつもりで人に声をかける」とジャックは言っている。

私たちは性格もまったく違う。私はその日の気分で予定を決めるところがあるのに対し、彼女は事前に計画を立てるタイプだ。一緒に暮らしはじめたころは、私が突然友だちを家に招いたり、予想外の行動をとるのに対して、彼女はストレスを感じながらも黙っていたという。でも最近は、「それはダメ」と言ってくれる。おかげで、私も同居人たちのペースをリスペクトすることを、学んでいる。

そんな違いがある私たちだけれど、高いところに物を置かないとか、シャワーは低いフックにかけておくことなど、生活の中の小さな決めごとを説明しなくてもわかってくれるので、とても安心して一緒に暮らすことができる。ジャックは遺伝学の勉強をしていて、講義中に、教授が障がいに関して問題のある発言をしたとか、その日の食卓でグチれることも、とても大切だ。

自分のアイデンティティを否定されることがあっても、理解し合える仲間がまわりにいることで、モヤモヤを解消するための、自分の安全圏を持てる。私にとってアイデンティティというのは、似たようなアイデンティティを持つ人と出会うための、切符のように感じる。

最終的には、アイデンティティの違いを超えて、どんな人ともつながれるといい。だけど、それぞれのアイデンティティに連なる経験や立場の違いをなかったことにして、「みんな同じ人間だ」と言ってしまうと、それぞれが抱える困難が見えなくなってしまう。それに、語らなければ、まわりはまったく気づきもしないこともある。

ニュージーランドに来てアジア人としての自分を意識するようになり、アジアのいろんな国にルーツを持つ友だちに出会って、アジア人同士のつながりをとても大切に思うようになった。そして、次第に、これまで避けていた障がい者としてのアイデンティティも、受け容れることができるようになった。

これまで出会ってきた友だちや、恩師たちの存在が、私の安全圏となり、そこでは自分自身でいることができた。ありのままでいられる場所があることによって、自分と同じアイデンティティを共有していない人と出会ったときに、自分のままでいることができるようになってきた。自分のアイデンティティと向き合ってきた道のりこそが、そのまま私の宝物になっている。

おわりに

この本を書き終える二カ月前に、ニュージーランドの永住権を取得した。本でも書いた通り、ビザを得るまでの道のりは長く、絶えず不安だった。ニュージーランドに移住すると決めて以来の目標が叶ったのだ。その知らせを受け取ってから一週間ほどは、体が宙に浮いているのかと思うくらい有頂天になっていた。

移民として暮らすという立場は、永住権を持っていなければ、いつだってビザが切れたら国を出なければいけない。学生か労働者でなければならず、「ただ存在すること」は許されない。そうしたプレッシャーをいつも意識していたわけではなかったけれど、その感覚があることで、ニュージーランドが自分の居場所だと心の底から思うことができなかった。何かがあってここを出なければいけなくなった時に、悲しくなりすぎないように、居場所だと思わないようにどこかで自分を抑えていた、というほうが正しいかもしれない。

そんなわけで、いつもどこか地に足がついていない気持ちで過ごしてきた一〇年間だった。

永住権を得て有頂天の心境もおさまってから、さらに一週間くらいたったころ、体がここの土地に、すーっとなじんでいくような、そんな感覚があった。この国で、「ただ存在すること」が許される立場にやっとなれたのだ。

大学在学中からウェブ連載していたこの留学記を出版するために、自分の文章を読み返すと、当時とは変わってきた感覚や、もっと学んだこともあって、全部書きなおしたいという思いにかられることもあった。だけど、これは、私が成長してきた過程の記録であるし、数年前の私が思ったり感じたりしたことを、そのまま残すことも大切だろう、と思うことにした。

読み返して思い出したのは、私がまわりの人に負担をかけていないかどうか、いつも不安に思っていたことだった。その思いは、いまもたまに顔を出すことはある。けれど、障がいを持つ友人たちとの出会いから、それは私だけのものではないことを知った。そして、その不安が、私たちの人生を制限していることにも気づいた。

おたがいに助けを求め合うことがもっとあたりまえにできたら、「相手に負担をかけていないか」なんて思う必要はない。私の母は、いつも「迷惑という言葉が迷惑だ」と言っていたけれど、その意味がやっとわかってきた。助け合う関係の中でも、ぶつかることもあるし、優しくなれないことだってある。そうやって、悩みながらも関わり合える人たちの存在こそ、ニュージーランド生活を始める時に、私が求めていたものでもあった。

私がここまでたどり着けたのは、私の選ぶ道を信じて応援してくれた両親を含む家族のみんな、たくさんの日々を共有してくれた友だち、そして、この本に出てきてくれた恩師たちをはじめ、道を切り開いてきた人たちのおかげである。特に、ニュージーランドに留学するのを支援してくれた祖父母、一緒に暮らしてきたもーちゃん、ジャニス、ガイヤニ、ティア、デニース、ジョアン、ジャック、ミィア、カイラ、エマ、カイル、ジョーにこの場を借りてお礼を言いたい。ニュージーランドという国に、自分の居場所を感じられない時も、自分の家が安心できる空間だったことは、本当に宝物のようなものだ。なお、登場人物の名前は、一部仮名にさせてもらった。

連載を本にするというプロセスの中で、本を作るのもチームワークだということを学んだ。そのプロセスに関わってくださったみなさま、そして何より、書きながらたくさん悩んでいる私の話を聞きながら、この本ができあがるまでずっと支えてくれた編集者の葉子さんに、心からの感謝を込めて。

二〇二二年一二月三日

安積宇宙

〈参考文献とウェブサイト〉

・パーニャさんのドキュメンタリー「Ake Ake Ake」
https://www.maoriplus.co.nz/details/TV_SHOW/collection/6270522521001/ake-ake-ake

・ルーシー財団（The Lucy Foundation）のウェブサイト
https://www.thelucyfoundation.com/

・ジュリアナ・カルヴァリョさんのウェブサイト　http://juliana.co.nz/

・ニュージーランドでのコロナウイルスへの対応の時間軸
https://shorthand.radionz.co.nz/coronavirus-timeline

・世界の障がい者をもつ女性の識字率
https://reliefweb.int/report/world/still-left-behind-pathways-inclusive-education-girls-disabilities
https://womenenabled.org/wp-content/uploads/2021/06/WEI-The-Right-to-Education-for-Women-and-Girls-with-Disabilities-English-1.pdf

・「たねの支配を、許してはならない」ー環境活動家ヴァンダナ・シヴァ博士（2015）KOKOCARA
https://kokocara.pal-system.co.jp/2015/02/09/seed-vandana-shiva/

・アニマルライツセンター「肉生産に必要な穀物」（2005）
https://www.hopeforanimals.org/environment/203/

・Savoca et al. (2016) "Marine plastic debris emits a keystone infochemical for olfactory foraging seabirds", Science Advances. https://www.science.org/doi/10.1126/sciadv. 1600395

・Charles Anderson (2012) "New Zealand's Green Tourism Push Clashes With Realities", New York Times. https://www.nytimes.com/2012/11/17/business/global/new-zealands-green-tourism-push-clashes-with-realities.html

・ロイヤル・アルバトロス・センターの公式ウェブサイト
https://albatross.org.nz/royal-albatross/

・Graeme Wearden (2016) "More plastic than fish in the sea by 2050, says Ellen MacArthur". https://www.theguardian.com/business/2016/jan/19/more-plastic-than-fish-in-the-sea-by-2050-warns-ellen-macarthur

・AP and staff writers (2019) "Jacinda Ardern gives inspiring speech as New Zealand passes historic climate change law", News.com.au.
https://www.news.com.au/technology/environment/climate-change/jacinda-ardern-gives-inspiring-speech-as-new-zealand-passes-historic-climate-change-law/news-story/84fa59ac85f9d509532cdadb6308a990

・Paul Meredith and Rawinia Higgins, "Kāwanatanga – Māori engagement with the state", Te Ara - the Encyclopedia of New Zealand,
http://www.TeAra.govt.nz/en/kawanatanga-maori-engagement-with-the-state/print

・モアナ・ジャクソンさんのインタビュー
Moana Jackson – He Tohu Interview https://www.youtube.com/watch?v=GDM-Ct21N4I

・Tina Ngata, "What's Required From Tangata Tiriti"
https://tinangata.com/2020/12/20/whats-required-from-tangata-tiriti/?fbclid=IwAR2Bqxn9zPohF FdfMUMxN7SqW1f0qtnd5dAX6AZOo3Fw3kbv9PWI-dVE6oM

・Carastathis, A. (2016) *Intersectionality: Origins, contestations,* horizons. University of Nebraska Press.

・朴希沙(2019)「マイクロアア・グレッションと私たち〜分断から動き出す交流7〜」『対人援助学マガジン』第37号、対人援助学会
https://www.humanservices.jp/wp/wp-content/uploads/magazine/vol37/41.pdf

安積宇宙
あさか・うみ
1996年東京都生まれ。ニュージーランド在住。
オタゴ大学社会福祉士学部卒業。
大学在学中の2018年に若者発展省から「共生と多様性賞」を受賞。
現在は障害分野を専門とするドナルド・ビーズリー研究所で研究員として働く。
共著に『多様性のレッスン 車いすに乗るピアカウンセラー母娘が答える47のQ&A』
（ミツイパブリッシング）。

写真
カバー セントキルダビーチ（ダニーデン）にて。写真は和田雄輝撮影。
P11 オタゴ大学キャンパスにて。右端が著者。写真はオタゴ大学提供。
P51 寮生活最後のフォーマルディナーで「寮でいちばん貢献した学生賞」の記念品を手に。
P85 学生会委員の選挙に立候補した時のポスター。
P119 大学の文化祭にて。
P151 ロイヤル・アルバトロス・センターの展望台から。
＊特に記載のない写真はすべて著者提供

宇宙のニュージーランド日記

なつかしい未来の国から

2023年1月15日　第1刷発行

著者

安積宇宙

ブックデザイン

鈴木成一デザイン室

発行者

中野葉子

発行所

ミツイパブリッシング

〒078-8237 北海道旭川市豊岡7条4丁目4-8

トヨオカ7・4ビル　3F-1

電話 050-3566-8445

E-mail: hope@mitsui-creative.com

http://www.mitsui-publishing.com

印刷・製本

モリモト印刷

ISBN 978-4-907364-30-4

ミツイパブリッシングの本

多様性のレッスン

車いすに乗るピアカウンセラー母娘が
答える47のQ&A

安積遊歩・安積宇宙

＊

自分は迷惑？
「ありのままでいい」って本当？
子どもを上手にほめるには？
真面目はよくないことですか？
男性は泣いちゃだめ？
人を生産性で測っていい？
障がいをもたない人も、もつ人も、人生を学べる本。
熊谷晋一郎さん推薦。

四六判並製240頁 定価2000円＋税
ISBN978-4-907364-11-3